진짜로 이런 일이 있다고?

글 레미 쇼랑, 브뤼노 뮈스카, 마티외 로쉐

그림 에밀 브라보, 뮈조

옮김 양진희

'뇌 선인장'이라고도 불리는
맘미랄리아 엘론가타 크리스타타
*Mammillaria elongata cristata*는 줄기가
띠 모양처럼 자라다가 뇌처럼 생긴 모양이 되어
붙은 이름이에요. 줄기의 세포가 빠른 속도로 성장해서
꼬불꼬불하게 주름이 늘어난 형태가 되는 거예요.

진짜로 이런일이 있다고?

1판 1쇄 2024년 8월 19일
글 레미 쇼랑, 브뤼노 뮈스카, 마티외 로쉐
그림 에밀 브라보, 뮈조 | **옮김** 양진희 | **자료 검수** 안지숙

펴낸이 김준성 | **펴낸곳** 도서출판 키움
주소 경기도 파주시 회동길 325-16
전화 02-887-3271,2 | **팩스** 031-941-3273 | **홈페이지** www.kwbook.com
ISBN 978-89-6274-571-9 (73030) | **등록** 2003.6.10 (제18-144호)

《Tout sur tout》 © Bayard Editions, 2023,
Korean translation copyright © 2024 Kiwoom Publishing Co.
This edition published by arrangement with Bayard Editions through LENA Agency, Seoul
All rights reserved.
이 책의 한국어판 저작권은 레나 에이전시를 통한 저작권자와 독점계약으로 도서출판 키움이 소유합니다.
신저작권법에 의하여 한국 내에서 보호를 받는 저작물이므로 무단전재 및 복제를 금합니다.
※잘못된 책은 구입한 곳에서 바꾸실 수 있습니다.

★ 이 책은 보름마다 654,000부씩 판매되는 프랑스 잡지 《아스트라피》의 기자들이 과학, 생태, 스포츠, 동물, 역사, 비디오 게임, 일반 상식 등, 주제를 불문하고 어린이들이 가장 좋아하는 기사들을 뽑아 엮은 책입니다. 다양한 분야의 재미있는 사실들을 통해 세상에 대한 관심과 세상을 보는 안목을 길러 줍니다.

뇌에 주름이 많을수록 똑똑하대요.
책을 많이 읽으면 주름이 많아진다니,
얼른 책장을 넘겨 봐요!

2012년 프랑스의 어느 초등학교 축제에서 풍선 날리기를 했어요. 그중 가장 멀리 날아간 풍선이 국경을 넘어 태국에서 발견되었지요. 출발점에서 무려 9,000킬로미터를 날아간 셈이에요.

대왕오징어의 한쪽 눈은
사람의 머리 크기만큼 커요.

에펠탑 꼭대기까지 계단으로 올라가려면, 665계단을 올라야 해요.

청소 했더니

행운을 기다리는 친구가 있다면 서랍을 한번 정리해 보세요. 슬로베니아에 사는 라이안은 서랍을 청소하다가 복권을 발견했어요. 그것도 당첨된 복권을 말이에요! 당첨금은 무려 63,000유로, 한국 돈으로 약 9천만 원이에요! 라이안은 당첨금으로 여행을 떠났답니다.

잘 정리해 봐. 또 알아? 복권이 나올지!

777

미신을 믿는 사람들은 777을 행운의 숫자 로 여겨요. 마치 네잎클로버처럼요!

샌드맨의 유래?

'샌드맨'을 영어 사전에서 찾아보면 '잠귀신'이라고 나와요. 아이들이 잠들 수 있도록 도와준다는 상상 속 인물이지요. 1700년대 프랑스 사람들은 피곤해서 졸릴 때 《눈에 모래를 뿌린 것 같다.》고 표현했어요. 그래서 샌드맨이라는 캐릭터를 만들어 어린이들에게 잠잘 시간을 알려 주었어요. "샌드맨이 왔나 보구나!"라면서 말이죠.

기록

2012년, 벨기에 사람이 머리 돌리기 신기록을 세웠어요. 1분 동안 자그마치 137번! 하지만 너무 무리한 나머지, 가만히 있어도 어지러운 현기증을 얻었다죠?

17세기 우리나라 문헌에는 지렁이가 디룡이로 쓰여 있어요.

어느 나라 국기?

가위로 '오린 듯한' 곡선(양, 사양, 어양), 단정한 '곰 같은' 각선(맘, 곰, 감). 대한민국, 이라는 단어가 떠오르는 조화를 이루거든.

눈앞이 캄캄하다.
어찌할 바를 몰라 아득하다는
뜻의 관용어예요.

너무 아파서…

예측 가능한 신호등

1999년, 목포 용호초등학교 6학년 서재웅 학생이
'순간순간 예측이 가능한 편리한 신호등'을 발명했어요.
초록 신호가 빨간 신호로 바뀌기까지 남은 시간을 알 수 있지요.
이 발명품을 계기로, '신호등 녹색불 잔여 시간 표시기'가 발명되었어요.

코알라는 유대류(코알라나 캥거루처럼 육아낭을 가진 포유류)에 속하는 동물이에요. 태어날 때는 몸길이 1.7~1.9센티미터, 몸무게가 1그램 이하로 아주 작아요. 그래서 태어나고 나서 몇 달 동안은 어미의 육아낭에서 자라요.

사람이 모든 소리를 들을 수 있을까?

아니에요. 사람의 귀는 돌고래 소리처럼 아주 높거나 (초음파), 코끼리 소리처럼 아주 낮은 소리(초저음파)는 잘 듣지 못해요.

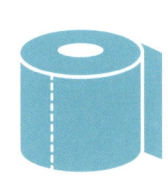

200

두루마리 화장지 하나는 대략 낱장 200장이 말려 있어요.

진입 금지!

이 표지판이 있는 길은 자동차가 들어갈 수 없어요. 반드시 걸어서 들어가야 해요.

풍속계는 바람의 속도를 측정 해요. 바람이 불면 세 개의 작은 컵이 움직여요. 바람이 세게 불수록 컵들이 빨리 돌아간답니다.

의사 선생님! 우리 가족이 모두 아파요!

전염병이란?

매우 빠른 속도로 퍼지거나 한꺼번에 많은 사람에게 걸리는 질병이에요.

종이비행기 신기록?

2022년 12월, 미국 항공기 제조업체 보잉사의 엔지니어팀이 종이비행기 멀리 날리기 대회에서 세계 신기록을 세웠어요. 대한민국 팀이 세운 약 77미터 기록을 깨고 88.318미터를 날렸어요.

으악!

암흑공포증이란? 어둠이나 밤을 병적으로 무서워하는 증상이에요.

TRICK OR TREAT!

올해는 이게 선물이야.

매년 10월 31일은 핼러윈 데이예요. 외국에서는 아이들이 유령 분장을 하고 이웃집을 다니며 "trick or treat(트릭 오어 트릿)."이라고 외쳐요. 사탕을 주지 않으면 장난친다는 뜻이지요.

세탁기 속에 고양이가?!

남아프리카공화국의 어느 가정집에서 고양이가 세탁기에 들어가 숨은 일이 생겼어요. 주인은 그 사실을 모른 채 세탁기를 돌렸지요. 한 시간 반 후에야, 고양이가 비척대며 세탁기에서 나왔대요. 물론 물에 쫄딱 젖은 채로요! 다행히 고양이는 무사했지만, 앞으로는 물을 싫어하지 않을까요?

어? 세탁기 소리가 왜 이러지? 망가지려나?

그르르르릉 이야아아아아옹!!

노벨상에는 평화상, 문학상, 물리학상, 화학상, 생리·의학상이 있는데, 노벨 수학상은 없어요.

샌드위치의 유래

18세기에 살았던 영국인, 샌드위치 백작은 두 장의 식빵 사이에 고기 끼워 먹는 걸 즐겼어요. 카드 게임을 계속하고 싶었던 그가 끼니를 간단히 때우려고 생각한 아이디어였지요. 함께 게임하던 사람들이 그의 새로운 음식을 '샌드위치'라고 불렀답니다.

50

영국과 프랑스를 연결하는 해저터널의 길이 를 킬로미터로 나타낸 숫자예요. 정확히 50.45킬로미터예요.

나는 고기에 빵을 끼워 먹겠어!

기록

1993년에 태어난 알렉스 배런은 2017년에 14개의 공으로 저글링 세계 신기록을 세웠어요. 누가 또 이 기록을 깰 수 있을까요?

수컷 공작새가 꽁지를 펼치는 이유는 암컷을 유혹하기 위해서예요.

296 km/h
(1시간에 296킬로미터를 간다는 뜻)

세계에서 가장 빠른 자전거 **속도**예요. 미국의 데니스 뮐러 코르넥이 2018년 9월에 세웠어요. 그녀는 공기 저항을 줄이려고 자전거 앞쪽에 경주용 자동차를 앞서게 했어요. KTX 최고 속도가 시속 300킬로미터인 걸 생각하면 정말 대단한 기록이에요.

박쥐는 포유류 중에서 유일하게 날 수 있는 동물이에요!

돼지도 게임을 한다고?

네덜란드 사람이 돼지를 위한 게임을 개발했어요. 돼지들이 머리를 쓰며 게임을 즐기니, 공격성이 줄어드는 것을 확인할 수 있었답니다.

I escaped by skin of my teeth.
직역하기도 어려운 이 문장은 나는 간신히 벗어났어를 뜻하는 영어 표현이에요.

밥은 좀 먹고 하지 그래?

피웅피웅! 피웅피웅! 푸쉭!

진짜 높은 곳의 농구 슛!

2014년 3월, 미국의 한 고등학생이 놀라운 방법으로 농구 슛에 성공했어요. 무려 18층짜리 건물 높이(약 55미터)에서 공을 던져 골인했지요.

벌집에는 약 5만 마리의 벌이 있는데, 오직 여왕벌만 알을 낳아요.

웩

세계에서 가장 키가 큰 사람은 튀르키예 사람이에요. 그는 희귀병에 걸려서 계속 키가 자랐는데, 수술을 받고 나서야 키 성장이 멈췄어요. 그의 키는 무려 2미터 51센티미터! 대한민국 초등학교 1학년 남자아이 평균 키의 두 배가 넘는답니다.

사람을 가득 채워 달리는 버스를 **만원 버스** 라고도 해요.

너무 위험한 무면허 운전

프랑스의 10살 소년이 너무 위험한 일을 벌였어요. 학교 버스를 놓쳤다고 부모님 자동차를 운전한 거예요. 소년은 약 2킬로미터를 가다가 결국 기둥을 들이박고 말았어요. 다행히 다친 곳은 없었지만, 몹시 무서웠다고 고백했지요.

경찰은 수염 필수?

1933년까지 프랑스 군사 경찰들은 반드시 콧수염을 길러야 했어요.

은퇴를 앞둔 군사 경찰

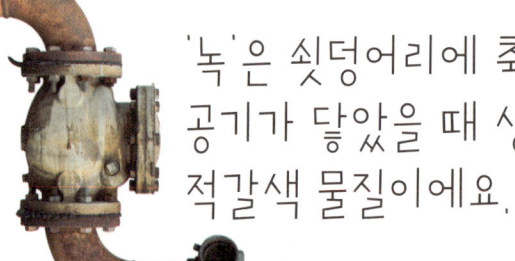

'녹'은 쇳덩어리에 축축한 공기가 닿았을 때 생기는 적갈색 물질이에요.

어느 나라 국기?

아프리카의 카메룬.

23

인도에서 공식적으로 사용하는 언어는 23개나 돼요.

트릭?!

스케이트보드에서 하는 점프나 여러 가지 동작을 '트릭'이라고 해요.

카드놀이는 언제부터 했을까?

카드놀이는 중국에서 발명되어 14세기쯤 유럽으로 퍼졌어요.

검은 머리가 파뿌리 될 때까지
'검은 머리가 파 뿌리처럼 하얘질 때까지'라는 뜻이에요. 아주 오래 살 때까지를 이르는 말이지요.

누가 나 좀 빨리 뽑지.

이 노래 좀 지워 줘!

노래 한 곡이 머릿속에서 계속 맴돌 때가 있죠? 그럴 땐 껌을 씹어 보세요. 놀랍게도 머릿속 멜로디가 사라진답니다.

이런! 쿠키를 다 태웠네…

괜찮아요! 다 쓸 데가 있는걸요!

완벽한 물수제비를 원한다면?

물수제비 뜨기에 가장 좋은 돌은? 둥글고, 평평하고 가벼운 돌이에요. 마음에 드는 돌을 골랐다면 회전을 많이 걸어 물 표면에 가깝게 던져 봐요! 여러분도 할 수 있어요!

비행기 조상?

1890년 10월 9일, 프랑스의 엔지니어 클레망 아데르는 자신이 만든 '에올'이라는 기계를 타고 비행을 시도했어요. 비행기의 조상 격인 에올은 땅에서 25센티미터 올라가서 50미터 정도 날았대요. 에올 덕분에 아데르는 역사상 처음으로 증기 동력 항공기로 하늘을 난 사람이 되었어요.

악어가 우리 집에?

2012년 1월, 호주의 한 가족이 집에서 악어를 발견하고 깜짝 놀랐어요. 제 집인 양 편안히 쉬던 악어는 결국 악어 센터로 보내졌어요. 후유!

안녕!

라마는 약 5미터 떨어진 곳까지 침을 뱉을 수 있어요.

퀘벡에서는 비현실적인 꿈을 꾼다고 말할 때 '구름에 삽질한다.'고 표현해요. 재미있게도 우리나라에서는 '뜬구름 잡는다.'고 이야기한답니다.

1348

2010년 11월 11일 뉴질랜드에서 개최된 세계 최대 규모 리프플록 (leapfrog) 점프 대회에 참가한 학생들의 수예요. 리프플록은 우리나라 말뚝박기처럼, 한 친구가 엎드려 있는 다른 친구의 등을 짚고 넘는 점프 게임이에요.

나비와 나방의 차이?
앉을 때, 나비는 날개를 접고 나방은 날개를 펴요.

핸드폰으로 하는 스포츠?

메시지를 보내는 것도 스포츠가 될 수 있어요. 2012년 초, 한 미국인이 핸드폰으로 한 달 동안 566,607통의 문자를 보내는 기록을 세웠어요. 1분당 13통의 문자를 보낸 셈이지요.

나 엄지손가락에도 근육이 생겼어!

기록

프랑스 운동선수 패트릭 말랑댕은 100일간 10,000킬로미터 이상 달리는 데 성공했어요. 10,000킬로미터는 마라톤을 238번이나 해야 하는 거리와 같아요. 그가 하루에 달린 시간은 무려 13간이랍니다!

불어를 할 줄 아니?

불어는 1539년에 프랑스의 공식 언어가 되었어요. 당시 국왕이었던 프랑수아 1세 덕분이지요. 하지만 사람들은 계속해서 여러 지역어와 라틴어를 사용했어요.

잉크 카트리지를 버리지 말아야 하는 이유

프린터에 사용하는 잉크 카트리지는 잉크를 다시 채우면 50번도 더 사용할 수 있어요.

가는손부채게는 복서게 라고도 불려요. 이 게는 특이하게도 집게에 말미잘을 쥐고 다니는데, 그 모습이 마치 권투 글러브를 낀 것처럼 보여서 생긴 별명이에요. 적이 오면 말미잘을 흔들어 쫓는 모습이 무척 귀엽답니다.

호버크라프트 는 공기주머니로 움직이는 탈것이에요. 물, 얼음, 땅 등 평평한 표면이라면 어디든지 다닐 수 있어요.

어느 나라 국기?

인도.

인도 사람들은 젓가락이나 포크를 사용하지 않고 손으로 음식을 먹어요.
누가 사용했을지 모르는 공용 식기보다는 자기 오른손이 더 청결하다고 여긴대요.

우듬지가 뭐예요?

'나무의 맨 꼭대기 줄기'라는 뜻이에요. 숲이나 정글에는 나무 윗부분의 나뭇잎들이 우거져 우산처럼 뒤덮고 있어요. 이곳에는 다양한 곤충과 동물들이 살아가요.

황금종려상이란?

프랑스 칸에서는 매년 세계에서 가장 큰 영화제가 열려요. 해마다 최고의 영화를 만든 감독에게 주는 상이 바로 황금종려상이랍니다.

세계의 인구는 이것보다도 많아요!

It costs an arm and a leg.
직역하면 '팔 한쪽과 다리 한쪽 값이다.' 이지만, **엄청 비싸다**를 뜻하는 영어 표현이에요.
우리나라는 비싸다는 표현을 할 때 집 한 채 값, 차 한 대 값이라는 말을 써요.

인스타그램?

인스타그램은 인터넷에 사진이나 동영상, 메시지를 올려 가까운 친구들과 소식을 주고받을 때 쓰는 앱이에요. 새로운 콘텐츠를 올려 사람들과 소통하기도 해요.

노래기 중에는 다리 수가 1,300개가 넘는 종이 발견되기도 했어요.

화장실 다녀와도 될까요?

21초 줄게. 단 1초도 넘기면 안 돼!

인간이 생전에 걷는 거리는 평균 지구 세 바퀴 정도래요.

쉬이이이이!

미국의 과학자들이 말하길, 인간을 포함한 모든 동물은 소변을 보는 데 대체로 21초가 걸린대요.

메뚜기는 매일 자기 몸무게만큼의 풀잎을 먹어요.

기록

2017년 미국 오하이오주 영스타운 주립대학교의 학생, 졸업생, 직원 등 972명이 펭귄 옷을 입고 모였어요. 펭귄 옷을 입고 모인 사람 수가 역대 가장 많아서 기네스북에 올랐답니다.

30 kg

평균적으로 프랑스 사람 한 명이 1년에 먹는 감자의 양 이에요.

카나리아는 먹이에 따라 몸 색깔이 달라져요. 오렌지색 카나리아를 보고 싶다면 당근을 먹여 봐요!

아직 완전히 자라지 않은 어린나무를 치수라고 해요.

버섯, 이렇게도 쓰인다고?

넌 뭐가 될 거야?
나는 병뚜껑!
아니면 공?

미국의 한 회사가 버섯으로 플라스틱 대용품을 개발했어요. 일반 플라스틱과 용도는 같지만 쉽게 분해되기 때문에 플라스틱보다 훨씬 친환경적이에요.

뜻하지 않은 행운이 왔거나, 중요한 발명 또는 발견이 우연히 일어났을 때, 세렌디피티 (serendipity) 라고 해요.

중국 광둥성의 허위안에서 지금까지 발견된 공룡알 화석은 무려 17,000개에 달해요. 혹시 공룡의 고향이 아니었을까요?

비행기도 또는 강력한 바람

바람이 너무 강력하면 비행기도 움직여요! 캘리포니아 공항에 머물러 있던 214톤 상당의 비행기가 강력한 돌풍 때문에 앞쪽이 들리며 50미터나 움직였어요.

1일 1채소!

프랑스 혁명 이후, 프랑스에서는 '프랑스 공화력'이라는 달력을 사용했어요. 현재의 달력과 달리, 1주일은 10일, 한 달은 3주였고, 12개월 후 마지막 5일은 축제의 날로 삼았어요. 매일의 이름도 숫자가 아닌 동물이나 도구, 광물, 식물의 이름을 붙여 불렀지요. 예를 들어 11월 1일의 이름은 샐서피(서양 우엉)랍니다.

즐거운 하루!

젖소가 침대에서 잔다고?

네덜란드 북부에서는 젖소들이 매트리스에서 잠을 자요. 푹신한 매트리스에서 편안하게 잠을 잔 젖소들은 젖꼭지가 부드러워져서 질 좋은 우유를 생산한대요.

베개도 좀 주시겠어요?

달팽이는 3년 동안 잠을 잘 수 있어요.

과학자들의 연구에 따르면, 선사시대 공룡들의 방귀가 지구의 기온을 높였다고 해요. 방귀 때문에 먹을 것이 사라져서 멸종되었다나?!

기록

미국인 애슈리타 퍼먼은 세계에서 가장 무거운 신발을 신고 10미터를 걷는 데 성공하여 기네스 기록에 올랐어요. 신발의 무게는 무려 145킬로그램이 넘어요!

37

프랑스 파리의 센강 에는 37개의 다리가 있어요. 한강에 있는 다리는 34개!

이게 바로 말풍선이야!

이번엔 당신이군요!

대통령 선거!

미국에서는 4년마다 대통령을 뽑아요.
우리나라는 5년에 한 번 대통령 선거를 하지요.

말풍선이란 만화에서 대사나 생각을 표시하는 풍선 모양의 둥근 테를 말해요.

반려견한테만 들리는 광고라고?

오스트리아에는 독특한 개 사료 광고가 있어요. TV를 통해 내보내는 영상에 개들만 들을 수 있는 초음파도 함께 내보내거든요. 만약 TV가 뼈다귀 모양이라면 조심해야 해요. 개가 TV를 먹어 치울지도 모르니까요!

또 이 광고야? 채널 바꿔, 이 광고 때문에 귀 아파.

둥글게 말려있는 카멜레온의 혀는 자기 몸길이의 1.5배까지 쭉 뻗을 수 있어요.

세척 공포증이란? 목욕이나 청소를 무서워하는 마음을 뜻해요.

코뿔소는 왜 진흙에서 뒹굴까? 코뿔소는 더위를 식히거나 벌레들을 쫓으려고 진흙 목욕을 해요.

몸이 좀 더운 것 같은데?

진흙 필요하니?

노골! 노골! 노골!

1999년 아르헨티나 축구 선수, 마틴 팔레르모는 콜롬비아와의 경기에서 페널티 킥 세 번을 모두 실패했어요. 한 경기에서 페널티 킥을 가장 많이 실패한 선수로 이름을 올린 거죠. 하지만 10년 뒤 본선에 진출할 수 있는 기적 같은 골을 넣어 아르헨티나의 영웅이 되었답니다.

115 m

세계에서 가장 높은 나무의 높이예요. 미국 캘리포니아주 레드우드 국립 공원에 있는 하이페리온 이라는 나무지요.

치킨너깃이 900만 원?

미국에서 3년 묵은 치킨너깃이 약 900만 원에 팔렸어요. 이 너깃은 미국의 첫 대통령인 조지 워싱턴의 옆모습과 굉장히 닮았어요. 판매자는 3년간 냉동고에 보관하다 경매에 내놓았다고 해요.

100개의 별똥별

별똥별은 지구의 대기층과 충돌한 우주의 커다란 먼지들이에요. 매년 8월에는 페르세우스 별똥별이 찾아오는데 한 시간에 약 100개까지 떨어진대요. 한여름의 밤하늘이 정말 아름답겠죠?

3년

사람이 평생 화장실에 가는 시간을 모두 더하면 약 3년 이래요.

열쇠고리 수집가 하시는 거 어때요?

열쇠고리 수집가는 어떻게 될 수 있나요? 열쇠를 모으면 돼요.

귀까지 안전한 모자

수구 경기를 할 때 선수들은 플라스틱 귀 보호대가 달린 재미있는 모자를 써요. 이 보호대는 수구 공에 맞았을 때 덜 아프게 해 줘요.

기록

프랑스 남서부의 랑드 숲은 축구장 백만 개를 합친 것만큼 굉장한 크기랍니다.

세계에서 가장 키가 작은 여성

인도의 조티 암지는 세계에서 가장 키 작은 여자로, 키가 62.8센티미터에 불과해요. 세계에서 가장 작은 남자인 네팔의 찬드라 바하두르 당기는 키가 54.6센티미터고요. 두 사람 다 키는 작지만, 작은 키 덕분에 세계 최고 기록을 세웠어요.

대강대강?

'적당히 간단하게'라는 뜻이에요.
'대충', '주먹구구식'도 비슷한
뜻이랍니다.

하하! 대강대강 하지 그래?

그럼 네가 무너뜨릴 거잖아.

'판다 개미'는
이름만 들으면 개미 같지만
사실 털이 많은 암컷 말벌이에요.
몸에 판다 무늬가 있고 날개가
없는 것이 특징이에요.
벌에 쏘이면 무척 아프니까,
귀여워도 만지면
절대 안 돼요!

7423

가짜 콧수염을 붙인 사람들의 모임
에 참가한 사람의 수예요.
2019년 칸의 미쉘 도르나노 경기장에서
역대 가장 많이 모였는데,
그때 모인 사람들의 수가 7,423명이에요.

낮에 별이
안 보이는 이유?

낮에는 오직 하나의 별만 볼 수 있어요.
바로 태양이에요. 태양 빛이 너무 강하니까
멀리 있는 별들의 빛이 가려져서 낮에는 별
이 보이지 않는답니다.

배구 네트의 높이는?

배구 네트의 높이는 사용자에 따라 달라요.
어린이용은 2미터, 여성용은 2.24미터, 남성용은 2.43미터까지 올린답니다.

수업 시간에 졸리면?
눈을 정면보다 위로 들어 천장을 바라보면 잠이 깬대요.

내가 자장가를 불러 준 것도 아닌데…

번개의 폭은 약 5센티미터에 불과하지만, 길이는 수 킬로미터가 넘기도 해요.

5cm

우주여행 1호는 떠돌이 개?

최초로 우주에 나간 생명체는 사람이 아닌 떠돌이 개 라이카였어요. 1957년 11월 3일, 러시아의 우주 왕복선을 탄 라이카! 하지만 안타깝게도 우주에서 사라지고 말았지요.

라이카! 어서 가자!

발바닥에는 신경이 많이 분포되어 있어요. 그래서 발바닥을 간지럽히면 참기 어려워요.

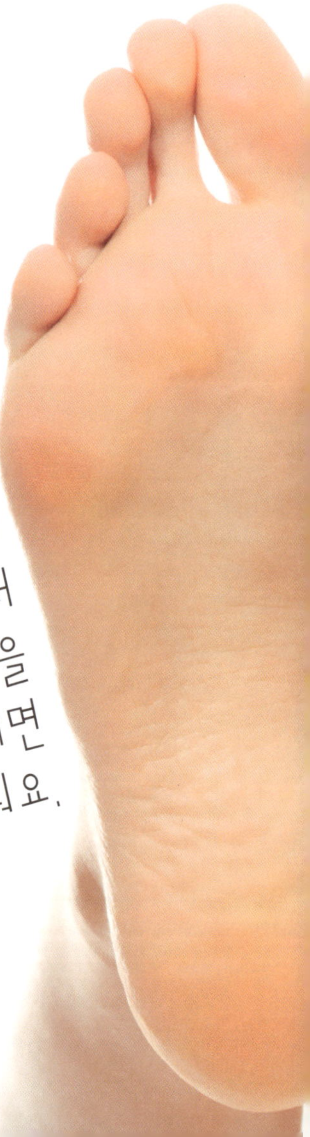

파리 벌금?!

과거 중국의 수도 베이징에 있는 공중화장실은 깨끗한 편이 아니었어요. 하지만 2012년 이후, 공중화장실에서 파리가 두 마리 이상 나오면 관리 책임자들이 벌금을 내야 해요.

2200

이 숫자는 한반도에 사는 고유한 생물들을 **어림잡은 수**예요.

진정한 승리!

메간 보겔은 2012년 미국 오하이오주에서 열린 고등학생 육상 대회에 참가했어요. 메간은 결승선을 20미터 앞에 두고 쓰러진 경쟁자를 일으켜 부축하며 경기를 이어 갔어요. 게다가 경쟁자가 다치지 않았더라면 자신을 이겼을 거라며 경쟁자를 먼저 결승선에 통과하게 했어요. 성적보다 멋진 배려예요!

세계에서 가장 긴 두 개의 강은 **아프리카의 나일강과 남아메리카의 아마존강** 이에요. 두 강이 1, 2위를 다투는 이유는 강의 시작점과 끝점이 어디인지, 어떤 방법으로 길이를 쟀는지 등에 따라 과학자들의 견해가 다르기 때문이랍니다.

비둘기 똥은 강한 산성을 띠고 있어서 건축물의 부식을 촉진해요.

다 쓴 종이 10장을 모으면 다시 만들 수 있는 종이의 수예요.

아프리카에 뿔이 있다?

아프리카 동쪽 지형은 마치 코뿔소의 뿔처럼 인도양 쪽으로 툭 튀어나와 있어서 '아프리카의 뿔'이라고도 불려요. 이 지역에는 에리트레아, 지부티, 에티오피아, 소말리아가 있답니다.

민들레 홀씨는 후~ 불기만 해도 쉽게 날아가요. 대부분 근처에 떨어지지만, 어떤 홀씨는 10킬로미터 이상 날아가기도 해요.

스크린샷의 우리말은?

컴퓨터 모니터에 보이는 모습을 그대로 찍어서 사진 파일로 저장하는 것을 '스크린샷' 또는 '화면 캡처'라고 해요. 이 용어를 설명하는 우리말도 있는데, 바로 '갈무리'랍니다.

50년 넘게 방송한 애니메이션이 있다?

일본의 애니메이션 중에 〈사자에상〉은 1969년 10월부터 시작해서 무려 50년이 넘게 방송한 애니메이션 프로그램이에요.

우박은 어떻게 생길까?

우박은 소나기구름에서 내리는 커다란 얼음덩어리예요. 지름이 0.5~1센티미터로 눈에 비해 크답니다. 구름에서 만들어진 작은 얼음 결정은 비나 눈의 형태로 땅에 떨어지는데, 이 작은 결정이 구름 안을 오가며 수증기를 더 흡수해 무겁게 떨어지는 것이 바로 우박이에요.

세상에서 가장 큰 공을 이용하는 경기는 킨볼! 공의 지름이 1.22미터예요. 1986년 캐나다에서 개발된 킨볼은 팀원 모두 협동해야 점수를 얻을 수 있으며, 세 개의 팀이 동시에 경기를 치르는 특징이 있어요.

크리스마스트리는 어디서 나?

프랑스에서는 매년 약 600만 개의 크리스마스트리가 판매돼요. 자연을 해치는 것 같겠지만, 다행히 크리스마스트리용 나무는 숲에서 나는 자연산이 아닌, 농장에서 키운 나무랍니다

사랑하는 나의 나무들이여! 크리스마스를 위해 쓰인다는 것에 감사하세요. 여러분은 아름다운 장식이 될 거예요.

쳇! 어쨌든 베어 낼 거잖아요!

누구야?

기록

멕시코의 쿠엑스코마테(Cuexcomate) 화산은 높이 약 13미터로, 분화구까지 계단으로 올라갈 수 있을 만큼 규모가 작아요.

98세!

세계 기네스 기록에 등재된 가장 나이 많은 마라톤 완주자는 디미트리온 요르다니디스로, 1976년 10월 그리스 아테네 마라톤에 출전했을 때의 나이가 98세예요.

수컷 말코손바닥사슴은 뿔이 있어서 암사슴이나 어린 수사슴보다 소리를 더 잘 들을 수 있다는 새로운 연구 결과가 나왔어요.

줄을 타고 폭포를?

2012년 미국인 닉 왈렌다는 미국과 캐나다 사이에 있는 나이아가라 폭포를 줄타기로 건넜어요. 스턴트맨이었던 닉은 안전장치를 하고 도전했고, 결국 40분 만에 550미터를 건너는 데 성공했어요.

유령이야? 사람이야?

먼 옛날, 긴 항해를 떠나는 선원들의 가족들은 늘 불안했어요. 가족이 항해를 떠났다가 무사히 집으로 돌아오지 못할까 봐요. 그래서 선원들이 돌아왔을 때 진짜 살아 있는 사람인지 꼬집어 보곤 했답니다.

체스 복싱은 체스와 복싱을 교대로 하는 스포츠예요. 최대 11라운드까지 진행되며 체스는 1라운드당 4분, 복싱은 1라운드당 2분이에요.

전서구란
주로 군사적 목적으로 멀리 있는 사람끼리 소통하기 위해 훈련된 비둘기를 말해요.

분홍색 달걀!

팔레스타인의 한 가정에 있는 암탉이 분홍색 알을 낳았어요. 하지만 껍질만 분홍색일 뿐, 맛은 일반 달걀과 같대요. 과학자들은 분홍색 달걀이 나오는 원인을 밝히고 있답니다.

꼭꼭 숨어라!

동물들은 적으로부터
몸을 숨기거나, 상대에게 겁주려고
속임수를 써요.
여기서 동물을 잘 찾아봐요!

스콜피온 피쉬는 환경에 따라 몸 색깔을 바꿀 수 있어요. 모래 속에서 감쪽같이 숨어 있다가 새우나 작은 물고기가 지나가면 한입에 잡아먹지요.

A380 항공기의 무게는?

세계 최대 항공기 A380의 무게는 비행기 자체로 280톤이고, 승객을 최대한 싣고 운항한다면 약 560톤까지 나가요.

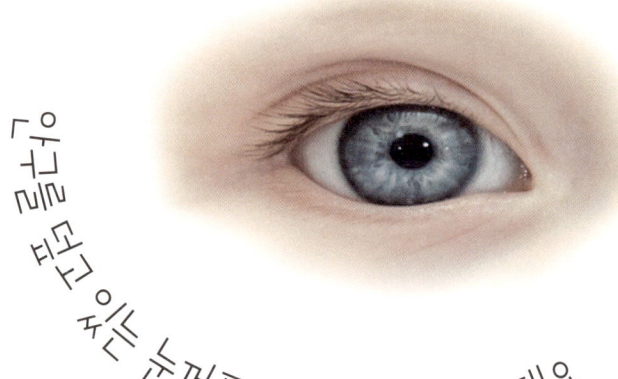

우리를 덮고 있는 눈꺼풀은 우리 눈을 보호해요.

발로 하는 배구? 세팍타크로!

동남아시아에서 시작된 스포츠로, 말레이시아에서는 '세팍(차다)', 태국에서는 '따크로(등나무로 만든 공)'로 불려, 두 단어를 합쳐 이름 지었어요. 배구처럼 손으로 서브를 넣고, 축구처럼 팔을 제외한 모든 부위를 사용할 수 있어요.

5 지구에 있는 대양의 수예요.
대서양, 태평양, 인도양, 북극해, 남극해!

팔락 팔락

어? 저것 좀 봐! '닭이 이빨 날 일'이야!

아니야, 저건 '당나귀가 하늘 날 일'이잖아!

절대로 일어날 수 없는 일을 프랑스에서는 '닭이 이빨 날 일'이라고 해요. 이탈리아에서는 '당나귀들이 하늘을 날 일'이라고 하지요. 우리나라에서는 '군밤에서 싹이 날까?'라고 한답니다.

야호

메아리는 왜 나중에 들릴까?????

소리가 단단한 물체에 부딪쳐 반사되어 우리 귀로 다시 돌아오는 걸 '메아리'라고 해요. 소리가 이동하는 데 걸리는 시간 때문에 처음 들린 소리와 메아리 사이에는 간격이 있어요.

깜빡이면 눈물이 나와서 눈이 건조해지지 않아요.

프랑스에서는
'첫눈에 반해 사랑에 빠졌다.'라는 뜻을,
천둥 벼락 맞았다고 표현해요.

로마의 검투사

고대 로마 초창기의 검투사들은 대체로 포로나 노예들이었어요. 그들은 스스로 검투사가 된 것이 아니었고, 자유롭게 경기를 선택할 수도 없었어요.

저는 싸우기 싫…
시끄러워!

WI-파이란?

와이파이 네트워크는 컴퓨터 장치(컴퓨터, 공유기, 스마트폰, 태블릿 PC 등)를 무선으로 연결하여 장치끼리 데이터 전송을 할 수 있게 만든 거예요.

기록

히말라야의 일부 봉우리는 매년 0.8~1센티미터씩 높아져요. 알프스의 봉우리들이 매년 0.1~0.2센티미터씩 높아지는 것과 비교하면 굉장하지요. 봉우리의 높이가 잴 때마다 달라지는 것은 지구가 살아 있다는 증거랍니다.

"대프리카?"

"그런 곳은 없는데!"

대프리카란 대구와 아프리카를 합쳐 말하는 우스갯말이에요. 대구가 아프리카처럼 덥다는 의미지요.

살았다!

"여보세요? 구조대죠?"

2012년 뉴질랜드를 여행하던 미국의 대학생 두 명이 폭설 때문에 조난을 당했어요. 다행히 두 사람은 온천에서 목욕하며 추위를 견딜 수 있었어요.

파리가 알을 낳는 이유?

파리는 추위를 견디지 못해서, 겨울에 볼 수 없어요. 대신 파리는 죽기 전에 알을 낳기 때문에 봄이면 새로운 파리들이 부화할 수 있어요.

개는 사람보다 1,000배 이상의 **후각세포** 를 가지고 있어서 후각을 인지하는 부분이 사람보다 30~40배 크다고 해요.

허들 넘기가 안 된다면 허들 넘어뜨리기!

중국의 한 선수가 110미터 허들 경기에서 좋은 성적을 내려고, 새로운 기술을 개발했어요. 장애물을 뛰어넘는 대신, 장애물들을 쓰러뜨리며 달려가는 기술이었어요.
하지만 안타깝게도 우승하진 못했지요.
그 이후로 그를 따라 한 사람은 없었답니다.

"제자리 준비"

좀비 축제가 있다고?

'좀비 워크'는 2005년부터 세계 여러 도시에서 열리는 좀비 축제예요. 행사에 참여하는 사람들은 좀비처럼 기괴하게 변장하고 도시를 돌아다니며 즐겨요.

독화살개구리는 몸 색깔이 화려하고 몸집이 작아요. 하지만 귀엽다고 함부로 만졌다간 큰일나요. 피부에 있는 강한 독 때문에 위험해진답니다. 과거 원주민들이 그 독으로 독화살을 만들었다고 해서 지어진 이름이에요.

기록

세계에서 가장 오래 라디오 방송을 한 기록은 198시간이에요. 무려 8일 밤낮으로 마이크에 대고 이야기를 한 셈이에요. 그는 긴 시간을 견디려고 짧게 낮잠을 자거나 운동용 자전거를 타며 뭉친 다리 근육을 풀었대요.

116

이것은 1337년부터 1453년까지, 프랑스 왕국과 잉글랜드 왕국이 전쟁한 햇수예요. 종전 선언을 하기까지 116년이나 걸려, 이 전쟁을 **백년전쟁** 이라고 불러요.

남극 대륙에 제일 먼저 간 사람?

1895년 1월 24일, 노르웨이 탐험가 카르스텐 보르크그레빙크와 고래잡이배 선장 헨릭 불을 포함한 6명이 남극 대륙에 최초로 발을 디뎠어요. 남극! 하면 생각나는 아문센과 스콧은 남극 대륙이 아닌 남극점의 첫 도착을 위해 경쟁한 사람들이랍니다.

20
사람의 젖니 개수예요. **젖니** 가 빠지면 32개의 영구치가 나와요.

기록
세계에서 가장 긴 목도리는 프랑스 니윌레스쁘와르에서 뜨개질한 목도리예요. 길이가 무려 87킬로미터가 넘어요. 목에 두르기 쉽지 않겠지요?

동물 발자국 찍기?!

2012년 6월 호주 시드니에 있는 타롱가 동물원에서 동물 발자국 찍기 행사를 열었어요. 약 4천 마리의 동물들이 사육사의 도움을 받아 페인트를 밟고 하얀 도화지 위에 발자국을 찍었어요. 이 행사는 전 세계 야생동물 보호를 알리기 위해 열렸어요.

우리나라 사람들은 산 이름에 **악**이 들어가면 등반하기 어렵다고 생각해요. 설악산, 관악산, 치악산 등이 있어요.

씽씽 돌아가는 지구?!

지구는 1초에 약 30킬로미터의 속도로 태양 주위를 돌아요. 우리가 느끼지 못 할뿐이지요.

돌고 돌아가기!!

2012년 프랑스의 한 여성이 파키스탄에서 프랑스로 가는 비행기를 탔어요. 그런데 파리에 도착할 때까지도 자느라 내리지 못 해, 다시 파키스탄으로 돌아가고 말았어요. 결국 다시 18시간 동안 비행기를 타고 프랑스에 도착할 수 있었답니다.

사막화란 무엇일까요?
비가 내리는 양보다 증발하는 양이 많아 식물이 거의 자랄 수 없는 땅이 되는 현상이에요. 기후 변화, 삼림 파괴, 부적절한 땅의 사용 등 다양한 원인 때문에 생긴답니다.

하프바다표범은 태어났을 때 털이 노래서 '옐로우코트'라고 불리다가, 점점 하얘져서 '화이트코트'라고 불려요.

크레프를 뒤집으면 행운이 찾아온다고?

프랑스에서는 매년 2월 2일 크레프의 날이 되면 왼손에 금화를 쥐고 크레프를 뒤집는 전통이 있어요. 뒤집기에 성공하면 행복이 찾아온다고 믿었거든요.

수저는 숟가락과 젓가락을 모두 이르는 말이에요.

티라미수 의 뜻은?

티라미수는 이탈리아 북부의 유명한 디저트예요. '나를 끌어올린다.'라는 뜻을 가진 이탈리아어 tirare su에서 '티라미수'라는 이름이 생겼어요.

긴 코 원숭이는 코주부원숭이, 큰 코 원숭이라고도 불리는데, 수컷의 코가 유난히 길어죠 생긴 이름이에요.

스케이트의 날은 운동 종목에 따라 다르게 생겼어요. 피겨스케이트의 날은 앞쪽에 톱니 모양이 있어 방향 전환이나 급제동이 좀 더 수월해요. 반면 스피드스케이트의 날은 일자로 곧고 길게 뻗어 있답니다.

"고마워 내 영웅!"

슈퍼 영웅 돼지!

2012년 9월, 미국의 동물원에서 어린 염소 한 마리가 연못에 빠져 허우적거렸어요. 염소는 살려 달라는 듯 울며 발버둥을 쳤어요. 그때, 돼지가 염소에게 다가가 연못 가장자리로 염소를 밀어내기 시작했고, 결국 돼지 덕분에 염소는 무사히 연못 밖으로 탈출했답니다. 이 정도면 슈퍼 영웅 돼지 아닌가요?

기록

2015년 3월 5일, 이탈리아의 카프라코타 지방에 하루 동안 2.56미터 높이의 눈이 내렸어요. 1921년 미국 콜로라도에서 하루에 1.93미터의 눈이 내린 이후 최고 기록이었어요.

300,000,000 (3억)

전 세계에서 프랑스어를 사용하는 사람들을 어림잡은 수 예요.

지구의 북극해 지역에는 이누이트족이 가장 많이 살고 있어요.

43

기록

세계에서 가장 넓은 사막은 사하라 사막이에요. 나일강에서 대서양까지 펼쳐져 있지요. 총면적은 940만 제곱킬로미터로 우리나라의 100배에 가까울 정도예요. 게다가 매년 2만여 제곱킬로미터씩 넓어지고 있답니다.

모낭이 뭘까?

모낭은 털의 뿌리를 싸고 털에 영양을 제공하는 주머니예요. 모낭 덕분에 머리카락이 혈관에서 영양을 공급받으며 자라요.

아직도 칼과 방패를 쓰는 스포츠가 있다고?

러시아에서 새로운 스포츠가 생겼어요. 선수들이 마치 중세 기사처럼 갑옷을 입고 방패와 칼을 든 채 링 위에서 대결하는데, 경기의 이름은 '나이트 파이트'예요. 원래 이종격투기 경기에서 관객들을 위해 열린 이벤트였는데, 인기가 많아지면서 이종격투기 규칙에 따라 칼과 방패를 이용하여 새로운 스포츠가 되었어요.

72년 동안 왕!

루이 14세는 72년(1643~1715) 동안이나 왕위에 있었어요. 프랑스 왕 중에서 재위 기간이 가장 긴 왕이에요.

유럽 연합 회원국의 숫자예요.

유럽 연합 깃발은 파란색 바탕에 12개의 별이 원을 이루고 있어요. 유럽에서는 12를 가장 완전한 숫자로 여기기 때문에 12개의 별은 유럽인들의 조화와 통합을 의미해요.

인터넷 주소에서 사용하는 'WWW'는 "World Wide Web'을 뜻해요. 간단하게 '웹'이라고도 해요.

정말 투우 경기의 소가 빨간색을 보면 흥분할까? 아니에요. 사실 소는 색맹이랍니다. 투우사들이 빨간색 천을 드는 이유는 빨간색이 눈에 잘 띄는 색인 데다, 열정과 흥분을 나타내는 색깔이라 관객들에게 흥미와 자극을 주기에 좋기 때문이랍니다.

자전거 전용 도로 표지판이에요. 이 표지판이 있다면 자전거만 다닐 수 있는 길이라는 뜻이지요.

다람쥐 꼬리는 나무에 오르거나 빠르게 움직일 때 균형을 유지해요. 추울 때는 목도리처럼 쓰이고, 더울 때는 열을 발산하기도 하지요. 자기들끼리 의사소통하거나 적에게 위협받을 때 튕기는 등 다양한 역할을 맡고 있어요.

프랑스 국가는 원래 군가?

1879년 2월 14일에 지정된 프랑스의 국가 '라 마르세예즈'는 원래 전쟁에서 군인들의 사기를 높이려고 만든 군가였어요.

더럽지 않은 귀지!

귀지는 몸에서 중요한 역할을 해요. 귀지는 귓속에 분비물이나 먼지가 뭉쳐 쌓이면 자연스럽게 밖으로 밀어내어 귓속을 청소해요. 또한 세균이 자라지 못 하도록 방해해서 박테리아로부터 귓속을 보호하지요.
귀지의 기름진 성분은 피부가 건조해지지 않도록 도와준답니다.

브라질의 리우데자네이루에서는 매년 2월 축제가 열려요. '리우 카니발'이라고 불리는 이 축제는 화려한 의상을 입고 삼바 춤을 추는 퍼레이드가 유명하지요. 매년 500만 명의 관람객이 찾을 만큼 규모가 커요.

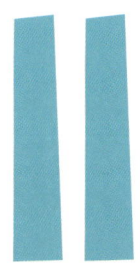

이것은 남극 대륙에서 태어난 사람들의 수 예요.

세상에는 고양이를 특히 무서워하는 고양이 공포증도 있어요.

환경을 위한 닭?

2020년 프랑스 앙비에 섬에서는 음식물 쓰레기를 줄이기 위해 한 집에 암탉을 두 마리씩 나눠 주었어요. 암탉들은 음식물 쓰레기를 1년에 약 150킬로그램이나 먹을 수 있어요. 덕분에 쓰레기양이 줄었답니다.

이 조각상은 모아이 석상이에요. 태평양의 이스터섬에는 900개가 넘는 모아이 석상이 있어요.

기록

아직 활동 중인 세계에서 가장 큰 간헐천(뜨거운 물이 반복적으로 나오는 온천)은 미국 옐로스톤 공원의 스팀 보트 간헐천이에요. 약 100미터까지 물기둥이 치솟아요. 분수대처럼 멋있지만, 수온이 100도가 넘는다고 하니 절대 가까이 가면 안 된답니다.

돈 한 푼 없이 미국 여행

미국인 닉 클렉크너는 2012년 4월부터 10월까지 6개월간 미국 전역을 횡단했어요. 침낭 하나만 짊어지고 출발해서 돈은 물론 식량도 없었지만, 사람들의 도움을 받으며 4,000킬로미터 이상 걷는 기록을 세웠어요. 그래서일까요? 닉은 '떠돌이 닉'이라는 별명을 얻었답니다.

완전한 뼈대 발견! 헬무트!

2012년, 고고학자들이 파리 근교에서 거의 완벽한 형태의 매머드 유골을 발굴했어요. 프랑스에서 이렇게 완전한 뼈대를 발견하는 일은 매우 드문 일이었어요. 학자들은 20만 년이 된 아름다운 아기 매머드에게 '헬무트'라는 이름을 지어 주었어요.

헬무트?

내 나이가 20만 살이 넘는데, 아기라니… 어린 것들이…

여기 그냥 농장 아닌가?

매년 파리에서는 국제 농업 박람회가 열려요. 1,000명이 넘는 사육사들이 자신의 농가에서 키우는 가축들을 파리로 옮겨와 전시하지요. 약 4,000마리가 넘는 가축들이 생활하는 환경을 그대로 재현해서 보여 준답니다.

기록

2014년 10월 24일, 구글의 부사장 앨런 유스터스는 고도 41킬로미터의 성층권에서 스카이다이빙하는 데 성공했어요. 역대 가장 높은 곳에서 성공한 스카이다이빙이었지요. 앨런은 헬륨을 채운 기구를 타고 2시간 만에 성층권 최상부에 올라가 특수 설계된 우주복을 입고 4분 30초 만에 지상에 도착하여, 가장 긴 자유 낙하 신기록까지 세웠답니다.

두더지는 하루에 약 20미터까지도 터널을 팔 수 있어요.

늑대가 무서운 이유?

늑대가 무서운 것은 무리를 이루기 때문이에요. 무리를 이루는 동물 중에서도 유독 질서가 잡힌 무리 생활을 해서, 야생의 다른 동물들에게 공포 대상이랍니다.

남성을 나타내는 기호 ♂는 그리스 신화 전쟁의 신 아레스가 창과 방패를 가지고 있는 모습에서 왔고, **여성을 나타내는 기호 ♀**는 사랑의 여신 아프로디테가 가지고 있던 **손거울**의 모양에서 왔다고 해요.

아빠를 잘 따라가야 해, 알았지?

뉴질랜드에 사는 엠버 럿지라는 여성은 자신이 **93개의 자아**를 가지고 있다고 밝혔어요.

나도 너고 너도 나야!

2012년 8월 25일에 세상을 떠난 닐 암스트롱은 인류 최초로 달에 착륙한 사람이에요. 하지만 정작 암스트롱이 달에서 찍힌 사진은 한 장도 없어요. 그와 함께 달에 발을 디딘 버즈 올드린이 사진 찍는 것을 깜빡했기 때문이에요. 달 착륙 당시에 촬영된 사진들은 암스트롱이 찍은 거라고 해요.

초록색 아일랜드

3월 17일은 아일랜드의 국경일인 성 패트릭의 날이에요. 아일랜드 사람들이 있는 곳이라면 전 세계 어디서든 아일랜드를 상징하는 초록색으로 가득 찬 기념행사가 열려요.

바다를 건너 버린 유리병

2019년 프랑스 랑드에 사는 한 주민이 해변에서 편지가 담긴 유리병을 발견했어요. 알고 보니, 이 병은 2010년 미국 락포트에서 10살 소년이 바다에 던진 병이었어요. 유리병을 보낸 소년조차 생각지 못 한 놀라운 대서양 여행이에요.

안면 홍조증은 얼굴에 피가 많이 돌아서 얼굴이 붉게 보이는 증상을 말해요.

2012

세계 최초의 화장실 문화 공원 이 생긴 해예요. 대한민국 수원에 있답니다.

꿀벌들은 꿀을 만들어 내기 위해, 하루에 약 22만 5천 송이의 꽃을 찾아다녀요. 필요하다면 4킬로미터 떨어진 곳까지 다니기도 해요.

상어가 골프장에?

2012년 10월 22일, 미국 샌프란시스코 골프장에 상어가 나타났어요! 길이 약 60센티미터의 표범상어가 하늘에서 잔디밭으로 뚝 떨어진 거예요. 사람들은 인근 해안가에서 상어를 잡은 새가 날아가다 실수로 떨어뜨린 것 같다고 생각했어요. 다행히 상어는 곧 바다로 돌아갔답니다.

그롤라는 아빠 회색곰과 엄마 북극곰 사이에서 태어난 곰을 말해요.

오, 예쁜 이름이에요.

대한민국 의무 교육

의무 교육이란 국민이라면 반드시 받아야 하는 교육을 말해요. 우리나라는 초등학교 6년, 중학교 3년까지가 의무 교육을 받아야 하는 시기예요.

너도 곧 의무 교육이라는 걸 받겠구나, 나처럼 조금만 더 크렴.

나는 8세.

기록

세계에서 가장 크게 분 풍선껌은 지름이 50.8센티미터예요. 미국인 채드펠이 2004년에 3개의 껌을 한꺼번에 씹어서 만든 기록이에요.

프랑스에서는 누가 시장이 될 수 있지?

시장이 되려면, 국적은 프랑스, 나이는 18세가 넘어야 하고 당연히 많은 표를 얻어야 해요.

어느 나라 국기일까?

레바논. 가운데 나무는 삼나무로 '평화'를 상징해요.

코코넛은 큰 야자나무의 세 개의 작은 가지에 매달려 있어요.

일일 물 사용량
씻는 물, 마시는 물, 화장실에서 쓰는 물 등 우리나라 사람 한 명이 하루에 소비하는 물은 약 277리터예요.

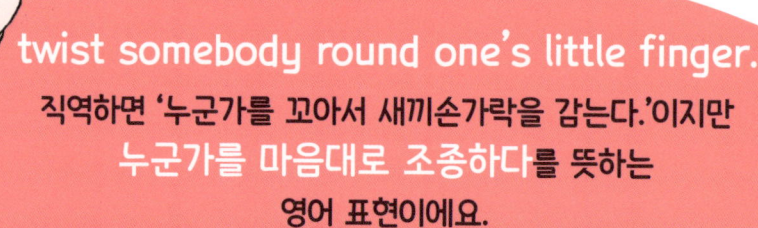

twist somebody round one's little finger.
직역하면 '누군가를 꼬아서 새끼손가락을 감는다.'이지만 누군가를 마음대로 조종하다를 뜻하는 영어 표현이에요.

왜 남의 등에 타고 있을까?

소등쪼기새는 물소, 하마, 얼룩말 등 대형 초식 동물의 등에 올라타서 동물의 몸에 붙은 진드기를 잡아먹고 살아요.

25

약 25개의 투명 플라스틱병을 재활용하면 스웨터 하나를 만들 수 있대요.

코코넛 껍질에 있는 둥근 자국이 바로 가지들이 났던 곳이에요.

내 뼈는 몇 개?

갓 태어난 아기의 골격은 약 270개의 뼈로 이루어져 있어요. 하지만 성인이 되면 약 206개의 뼈만 남지요. 사람은 자라면서 뼈끼리 서로 합쳐져, 뼈의 개수가 아기 때보다 적어진답니다.

럭비에서는 앞으로 패스를 못 한다?

럭비 경기에서는 공을 앞으로 던지거나 패스할 수 없어요. 만약 선수가 공을 앞으로 패스하거나 자기 앞에 떨어뜨렸다면 '스로 포워드(Throw Foward)'라는 반칙을 하는 거예요.

파리 마라톤 대회

세계에서 가장 유명한 마라톤 대회 중 하나인 파리 마라톤 대회는 매년 수만 명의 사람이 참가해요. 샹젤리제 거리에서 출발하여 파리의 대표 관광 명소를 지나는데, 코스 곳곳에 이벤트가 마련되어 모두가 함께 축제를 즐기지요. 우승자는 42킬로미터를 완주하는 데 약 2시간이 걸려요. 정말 대단한 기록이죠?

비행기 유치원?

왜 너만 항상 창문 옆자리야?

조지아에는 '루스타비'라는 도시가 있는데, 이곳에 있는 비행기 유치원은 도시의 명물이에요. 2012년, 가리 차피츠 선생님이 낡은 비행기를 사서 아이들이 사용할 수 있도록 실내를 새롭게 꾸몄어요. 원래 모습 그대로인 조종석은 아이들의 훌륭한 놀이방이 되었답니다.

해마는 암컷이 수컷의 배에 있는 육아 주머니에 알을 낳으면, 수컷이 알을 품고 새끼를 낳아요.

금성

금성도 온난화?

금성은 태양계에서 가장 뜨거운 행성이에요. 수성이 태양에 더 가깝지만, 이산화탄소로 이루어진 금성의 두꺼운 대기 때문에, 금성이 가장 더운 행성이 되었어요. 금성의 표면 온도는 약 500도나 된답니다.

태양

44

전 세계에서 로마 라고 불리는 도시의 수예요. 가장 유명한 것은 이탈리아의 수도지요.

하수구에서 악어가 왜?

2012년, 가자지구의 베이트 라히야에 있는 하수구에서 악어가 발견되었어요. 이 악어는 동물원에서 탈출한 후 2년 동안 하수구에서 살았어요. 발견 당시 길이가 2미터에 달하는 크기였답니다. 결국 악어는 다시 동물원으로 돌아갔답니다.

새끼 오리는 태어나자마자 수영을 할 수 있어요.

기록

영국인 리사 커트니는 세계 최고의 포켓몬 수집가예요. 세계에서 가장 많은 포켓몬 인형, 장난감, 각종 제품을 모아 소유하고 있어요. 리사는 9살부터 17년 동안 16,000개 이상의 포켓몬 제품을 수집해 왔지요.

일식이란?

지구에서 태양을 바라볼 때,
달이 태양을 가리면 일식이라고 해요.
일식이 진행되면 지구에 그림자가 져요.
갑자기 햇빛이 줄어드는 바람에 기온이 내려가서
동물들은 위기 상황이라 여기고
잠을 자기도 해요.

꽁꽁은 엄청 단단하게 언 모양을 말해요. 또 꽉 죄어 묶거나 꾸리는 모양을 말할 때도 '꽁꽁'이라고 해요.

나비가 훨훨 날아서 꽃에서 꿀을 빨아 먹어요. 이렇게 날짐승이나 벌레 따위가 날개를 벌려 위아래로 움직이는 모양을 '훨훨'이라고 해요.

참새가 짹짹거리면, 사람들은 새가 지저귄다고 해요.

호랑이 키우는 개

2012년 11월, 러시아 동물원에서 새끼 호랑이 세 마리가 태어났어요. 그런데 출생 직후 어미 호랑이에게 버림을 받고 말았어요. 그러자 암캐(암컷 개) 한 마리가 졸지에 호랑이 엄마가 되어 새끼 호랑이들을 보살폈답니다. 처음엔 개를 공격하려던 새끼 호랑이들도 암캐를 엄마로 인정했지요.

34 000 000 명

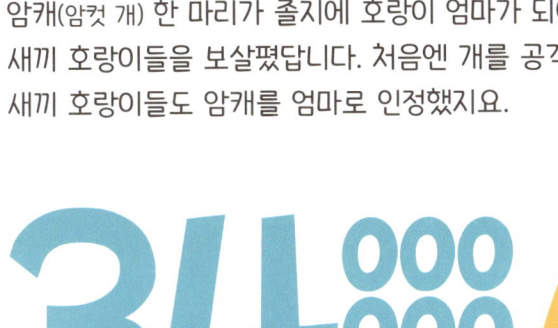

이것은 정기적으로 운동 을 하는 프랑스 사람의 수예요.

기록

2019년 11월 30일, 자이언트 와플(Giant Waffle)이라는 이름으로 라이브 스트리밍을 하는 방송인 앤드루 보딘은 스트리밍 방송 최장 기록을 세웠어요. 무려 573시간 동안 방송을 이어 나갔지요. 기록은 세웠지만 분명 건강에는 안 좋았겠죠?

킁킁… 런던 악취 사건

1858년, 런던을 대표하는 템스강이 한때는 악취로 유명했어요. 런던 사람들의 오물이 모두 강으로 흘러들어 강 주변에서 고약한 냄새가 나기 시작한 거지요. 나라에서는 악취를 해결하려고 하수구를 만드는 등 큰 노력을 기울여야 했답니다.

칸 영화제

나 정도는 되어야 칸 영화제의 카펫을 밟을 수 있지!

칸 영화제는 프랑스 남부 지방, 칸에서 열리는 영화제예요. 매년 5월에 열리는데, 칸 영화제의 엠블럼에는 종려나무가 그려져 있어요.

70,000

매년 파리에서 열리는 롤랑가로스 테니스 대회에서 사용되는 공의 수예요. 15일간 약 70,000개, 즉 하루에 약 5천 개의 공이 필요하다고 해요.

카드 게임에서 J, Q, K는 사람을 말하는데, 각각 신하, 왕비, 왕을 가리켜요.

기록

우주에서 가장 많은 시간을 보낸 우주 비행사는 미국인 페기 윗슨이에요. 2016년부터 2017년까지 289일 있었던 것을 포함해, 그녀의 인생에서 우주에 있었던 시간은 2024년 3월 기준, 총 665일이랍니다.

세상에서 가장 높은 화산?

하와이에 있는 마우나케아 화산의 높이는 약 4,200미터예요. 해저 약 6,000미터 아래에 있는 화산의 밑바닥부터 정상까지 전체 높이는 무려 약 10,200미터나 된답니다. 세계에서 가장 높은 화산이지요.

10 200 m
4 200 m
6 000 m

개와 고양이가 베스트 프렌드?

영국에 사는 개 테펄과 고양이 퓨디텟은 한 몸처럼 지내요. 테펄은 시력이 나빠져서 바구니에서만 생활하는데, 퓨디텟이 테펄의 눈이 되어 도와주고 있거든요. 덕분에 테펄은 집안에서 부딪히지 않고 이동할 수 있고, 정원에서도 놀 수 있지요. 정말이지 환상의 팀이에요.

스니커헤드
열성적인 운동화 수집가를 말해요. 한정적으로 생산된 운동화나, 생산이 중단된 운동화들을 모아 수집해요.

나는 아직도 모아야 할 신발이 모자라!

엄마는 쌍둥이, 아이도 쌍둥이?

2013년 미국의 에이미와 애쉴리는 한날에 태어난 쌍둥이예요. 그런데 둘은 아기도 같은 날에 낳았어요! 아기들은 서로 사촌이지만, 엄마들처럼 생일이 똑같아요!

얘네는 우리처럼 똑같이 생기진 않았네…

쇠똥구리는 유충들에게 먹이를 주려고 배설물을 옮겨요.

지구가 둥글 리 없어!

17세기 이전에 많은 학자가 지구는 평평하다고 생각했어요.

수컷 개구리는 입 옆에 달린

등대에 불을 켜는 이유는 항해 중인 선원들에게 위험 지역을 알리기 위해서예요.

어느 나라 국기일까?

정답. 남아메리카 대륙에 있는 페루.

잘 봐요

My hands are full.
직역하면 '내 손이 가득 찼다.' 지만, 너무 바쁘다를 뜻하는 영어 표현이에요. 우리나라에서는 '손이 열 개라도 모자라.'라고 표현해요.

실제로 눈은 물체를 거꾸로 보지만, 뇌가 그것을 뒤집어 바로 잡아 줘요.

울음주머니를 부풀려서 더 큰 소리로 울어요.

30,000

전 세계에 존재하는 장미 종류의 수예요. 해마다 200종 이상의 새 품종이 개발된다고 해요.

두건은 헝겊 같은 걸로 만들어서 머리에 쓰는 물건이에요.

너 지금 숨은 쉴 수 있는 거니?

기록

'릴 포이즌'이라 불리는 빅터 드 레온은 비디오 게임 역사상 최연소 프로 게이머예요. 7살 때, '메이저 리그'라는 비디오 게임 대회 주최자들과 계약을 했어요.

골프공이 울퉁불퉁한 이유?

골프공의 표면은 작은 홈으로 잔뜩 파여 있는데, 이것을 '딤플'이라고 해요. 딤플은 공을 칠 때, 공이 더 멀리 날아갈 수 있게 도와줘요.

치타는 땅 위에서 가장 빠른 동물로,
시속 110킬로미터까지 달릴 수 있어요.
100미터를 무려 3초 만에 달릴 수 있답니다.

고양이가 수상하다?

2012년 12월 31일, 브라질 아라피라카 교도소 관리자가 고양이 한 마리를 체포했어요. 고양이의 등과 배에 탈옥 도구가 담긴 가방이 테이프로 칭칭 감겨 있어 수상했거든요. 당연하게도 고양이가 누구에게 그 물건을 전달하려 했는지는 알 수 없었답니다.

750

지네와 비슷하게 생긴 다족류 '일라크메 플레니페스'는 멸종 위기종으로 다리가 750개 예요.

오렌지색이 식욕을 자극한다고?

영국과 스페인 연구원들은 실험에 참가한 지원자들에게 똑같은 초콜릿 음료를 색이 다른 컵에 담아 제공했어요. 대부분은 오렌지색 컵에 담긴 음료를 더 좋아했어요.

프랑스에서 열리는 자전거 축제

프랑스에서는 6월의 첫 번째 주말마다 자전거 축제가 열려요! 파리 시내 100군데에서 수천 명의 사람들이 대열을 이루며 한곳으로 모여요.

코뿔소의 뿔은 사람의 손톱이나 머리카락처럼 케라틴 성분으로 이루어져 있어요. 그래서 성장하며 자랄 수 있는데, 최대 150센티미터까지 뿔이 자란 코뿔소도 있어요.

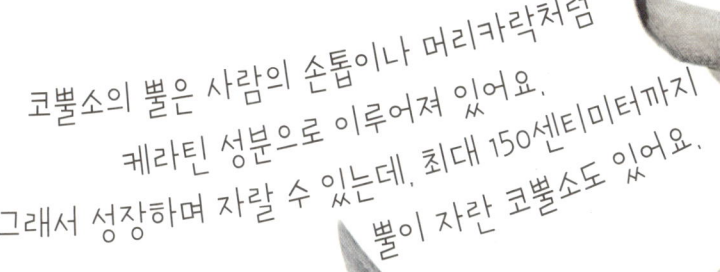

아빠를 구한 슈퍼 릴리

2013년 1월 2일, 불과 6살인 영국인 릴리가 아빠의 목숨을 구했어요. 아빠가 괴로워하자, 릴리는 아빠가 당이 부족할 때 발작을 일으켰다는 걸 기억해 냈어요. 그래서 사탕을 가져다가 아빠 입에 넣어 아빠를 구했지요!

기록

2012년 12월 13일, 이탈리아 로마의 피자 회사에서 대형 피자를 만들었어요. 지름은 약 40미터, 무게가 23톤에 달했지요. 이후 미국에서 농구장 3개만 한 피자를 만들어 새로운 기록을 세웠답니다.

구레나룻이 뭐예요?
귀밑에서부터 턱밑까지 난 수염이에요.

4.5

10억 단위로 표시한 지구의 나이예요. 지구의 나이는 45억.

세상에서 가장 비싼 토사물!

이상하네… 늙고 병든 향유고래 냄새가 나는데… 킁킁

어느 영국인이 해변에서 돌덩이를 발견하자, 한 프랑스인이 그것을 무려 5만 유로(한화 약 7천3백만 원)에 사겠다고 나섰어요. 사실 그 돌덩이는 용연향(앰버그리스)이라고 불리는 향유고래의 토사물로, 향수를 만드는 아주 귀한 물질이었어요. 이것은 수컷 향유고래가 대왕오징어를 먹다가 소화되지 않아 뱉어낸 토사물이나 똥에만 들어 있는 물질로, 오랜 시간 바다에서 떠돌다가 굳은 덩어리랍니다.

수컷 군함조는 암컷을 유혹하려고 목 아래에 있는 빨갛고 커다란 주머니를 부풀려요.

기록

바다 위를 떠다니는 호텔 '심포니 오브 더 시즈(바다의 교향곡)'라는 여객선은 크기가 어마어마해요. 길이 362미터에 너비는 66미터로, 축구장 3개를 합친 것만큼 길고 24층 건물만큼이나 높아요.

부르릉!

프랑스 르망에서는 매년 낮이 긴 6월에 세계적으로 유명한 레이스 대회인 '르망 24시'가 열려요. 1923년에 시작되어 100년이 넘는 역사를 자랑하지요. 시간이 흘러 자동차의 생김새는 달라졌지만, 24시간 동안 제일 긴 거리를 주행한 팀이 우승이라는 규칙은 변함없답니다.

스위스의 국기는 정사각형이에요. 빨간색 바탕에 흰색 십자 무늬가 있어요.

유럽에서는 7천 년 전부터 치즈를 만들어 왔어요. 폴란드에서는 7천 년 전에 치즈를 만들 때 사용한 도구 조각이 발견되었고, 덴마크에서는 5천 년 전에 사용한 그릇이 발견되었어요.

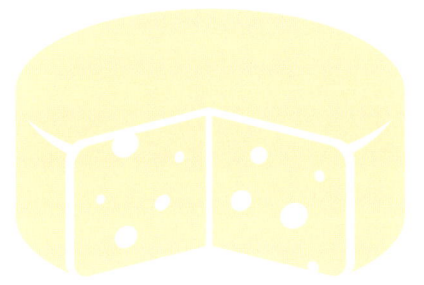

개도 해! 너도 해!

루마니아의 수도 부쿠레슈티에서 경찰이 건널목을 조심히 건너는 개를 촬영했어요. 이후 경찰들은 "개도 해! 너도 해!"라는 슬로건을 내걸며 이 영상을 TV에 방영했어요. 도로에서 안전하게 다니라는 광고를 하기 위해서 말이죠.

천 리 길도 한 걸음부터는 아무리 큰일이라도 작은 일부터 시작된다는 말이에요. 그러니 뭐든 차근차근 시작해 봐요!

테니스의 조상?!

옛날 프랑스에는 죄드폼이라는 경기가 있었어요. 귀족은 라켓으로, 평민은 맨손으로 공을 쳐서 상대편에게 공을 보내는 경기지요. 지금은 죄드폼이 사라졌지만, 우리가 잘 아는 테니스가 죄드폼에서 발전한 경기랍니다.

865

이것은 파푸아뉴기니에서 사용하는 언어의 대략적인 수예요.

애지중지의 뜻은 '사랑하니까 중요하게 여긴다.'예요. 물건이나 사람을 깊이 사랑하고 소중하게 여기는 마음을 표현할 때 사용해요.

소라 껍데기는 기타의 몸통처럼 소리를 크게 만들어요. 소라 껍데기를 귀에 대면, 귀의 정맥에서 피가 순환하는 소리가 울려 퍼져요. 우리는 이 소리를 파도 소리 라고 생각하는데, 두 손을 모아 귀에 갖다 대도 같은 소리가 들린답니다.

기록

안데스의 여왕이라고 불리는 '푸야 라이몬디'는 높은 안데스산맥에서만 자라는 희귀 거대 식물이에요. 멀리서 보면 꼭 파인애플처럼 생겼는데, 높이가 최대 15미터까지 자라요. 또한 가장 천천히 꽃을 피우는 식물이기도 해요. 수천 송이의 꽃이 피는 모습을 보려면 100년 이상 걸리기도 한답니다.

고양이 눈은 왜 반짝거릴까?

눈은 빛을 포착해야 볼 수 있어요. 동물도 마찬가지예요. 특히 고양이는 빛을 감지하는 능력이 뛰어나서 어두운 곳에서도 적은 빛으로 잘 볼 수 있어요. 또한 망막 뒤에 타페텀이라는 일종의 반사판이 있어, 어두운 곳에서 고양이 눈이 반짝이는 거랍니다.

성인의 장 길이는 보통 약 8미터예요!

날이 더우면 사람은 열을 식히려고 땀을 흘리죠? 개는 혀를 내밀고 헐떡거리며 체온을 조절해요.

올림픽 장소 누가 정해?

하계 올림픽과 동계 올림픽은 4년마다 번갈아 열리는데, 국제 올림픽 위원회(IOC)는 올림픽을 개최할 도시를 선정하려고 투표를 실시하지요.

리터(L)

1리터는 **500밀리리터(ml) 생수** 두 병을 합친 양이에요.

기록

세계에서 가장 긴 직선 도로는 사우디아라비아 10번 고속도로예요. 무려 240킬로미터나 된답니다. (2024년 기준)

1년에 자라는 머리카락 길이 (12센티미터)

오줌으로 만드는 전기?

2013년 브라질에서 열린 리우 카니발 관람객들은 특별한 화장실을 사용했어요. 바로 오줌으로 전기를 만드는 화장실이었어요. 아무 데서나 오줌을 싸는 사람들 때문에 만들었답니다.

머리카락은 **한 달에 약 1센티미터** 씩 자라요.

시베리아 호랑이는 고양잇과 동물 중에 몸집이 가장 커요.

왜 미국에는 13층이 적을까?

미국 사람들은 미신을 잘 믿어요. 대표적으로 미국의 고층 건물들에서는 13층을 찾기 어려운데, 그 이유가 바로 '13'이 불행을 가져온다고 믿기 때문이에요.

5살이 발견한 공룡

영국의 데이지 모리스는 5살 때 2009년 영국 남부에 있는 와이트섬 해변에서 새로운 공룡 화석을 발견했어요. 과학자들은 데이지 모리스의 이름을 따서 이 화석을 '벡티드라코 데이지모리새(Vectidraco daisymorrisae)'라 불렀지요. 까마귀 정도의 크기로 백악기 후기에 살던 작은 익룡으로 밝혀졌어요.

망나니란 말이나 행실이 버릇없는 사람을 뜻해요. 조선시대에는 죄인이나 천인들이 망나니로 뽑혀 죄인을 처형하는 일을 담당했어요.

얼굴부터 꼬리까지 약 3.5미터나 된답니다.

도시를 즐기는 새로운 방법?

매년 9월 22일은 '세계 차 없는 날'이에요. 하루라도 자동차 이용을 줄여서, 대기 오염과 소음, 교통 체증을 줄이자는 뜻에서 생겼어요. 사람들은 걷거나 자전거를 타거나 대중교통을 이용하며 그동안 몰랐던 도시의 매력을 발견할 수 있답니다.

크게 숨을 들이쉬세요!

미국 국회에서 매일 먹는 음식?

미국 국회 의사당 식당에서는 매일 강낭콩 수프를 제공해요. 이 전통은 100년 이상 이어지고 있지요. 물론 다른 메뉴도 있긴 하답니다.

기록

이란의 한 아이스크림 업체에서 세계에서 가장 큰 아이스크림 통을 만들었어요. 이 통의 무게는 무려 약 5톤이나 된답니다

우와! 네잎클로버다!

네잎클로버의 꽃말은 **행운**이에요. 세잎클로버의 꽃말은 **행복**이랍니다.

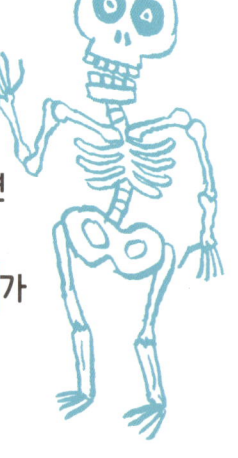

사람이 손을 움직이려면 **40개의 근육**과 서로 다른 **26개의 뼈**가 필요해요.

소리 있게 강한 치와와!

캐나다의 8살 소녀 제나는 할머니가 키우는 치와와의 도움으로 위험한 상황에서 벗어났어요. 이 작은 개가 제나를 공격한 무시무시한 투견을 향해 짖어댄 덕분에 제나는 무사했지요.

5 백만

이것은 우리 몸에 있는 모낭의 개수 예요.

호텔에 바다사자가?

2013년 3월, 미국 샌디에이고의 호텔에 별난 손님이 찾아왔어요. 길 잃은 어린 바다사자였지요. 매우 지친 바다사자는 근처 수족관 직원들이 올 때까지 바에 있는 의자에 앉아 있었답니다.

기운 차리는 데는 맛있는 음료 한 잔이 최고죠.

이 거대한 잎은 몸무게 20킬로그램인 어린이가 앉아도 가라앉지 않아요.

얼룩말은 왜 줄무늬가 있을까?

뻐꾸기는 번식기가 되면 뻐꾹뻐꾹 울어요.

보기에 예뻐서? 아니에요, 얼룩말은 줄무늬 덕분에, 등에나 체체파리와 같은 위험한 곤충을 피할 수 있어요. 동물의 피를 빨아먹는 해충들은 단색 표면 위에 앉는 것을 더 좋아하는 경향이 있어요. 줄무늬도 참 쓸모 있죠?

소름은 왜 돋지?

추위를 느끼면 우리 몸은 비상사태에 들어가요. 체온을 올리려고 모낭 옆에 있는 근육이 수축하는데, 이 근육의 움직임으로 털은 곧게 서고, 털 주변 피부는 위로 당겨 올라가면서 닭살처럼 변하지요. 두려울 때도 우리 몸은 똑같은 반응이 일어나요. 동물들도 털을 곤두세우는데, 화가 나거나 거슬렸을 때 상대를 겁주기도 해요.

아수라장의 아수라가 귀신 이름이라고?

아수라장은 싸움으로 인해 혼잡하고 어지러운 상태에 빠지는 것을 뜻해요. 아수라는 원래 불교에서 화를 잘 내고 성질이 포악해서 훼방 놓기를 좋아하는 귀신의 이름이에요. 아수라들이 모여서 놀고 있는 모습은 시끄럽고 엉망진창일 수밖에 없다고 해서 생긴 말이에요.

사람이 매일 호흡하는 횟수?

사람은 하루에 약 26,000번이나 숨을 들이마시고 내쉬어요. 이렇게 해서 12,000리터 이상의 공기가 폐를 드나들지요. 호흡을 통해 폐는 우리 몸에 필요한 산소를 흡수하고, 이산화탄소를 배출해요.

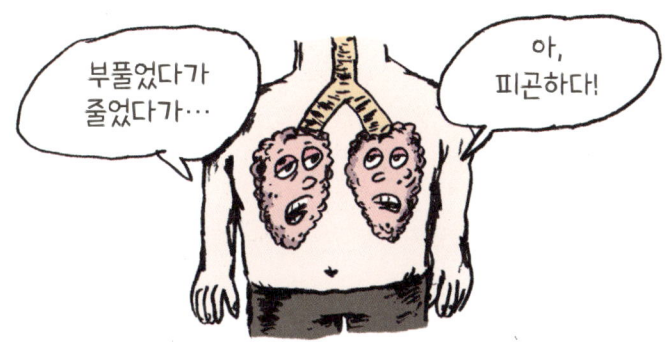

기록
우리나라는 OECD 국가 중에서 가장 낮은 출산율을 기록했어요.
(OECD: 경제 협력 개발 기구. 모든 나라의 국민이 행복하게 잘 살려고 함께 정책을 연구하는 기관)

뱀의 혀는 먹잇감을 찾는 데 뛰어나요. 혀를 날름거리면서 소리가 나는 방향과 거리감을 느끼지요. 마치 땅, 공기, 물에서 동물의 흔적을 탐지할 수 있는 고성능 탐지기 같아요.

전 세계에서 사용되는 언어는 3천~7천 개예요.

450 백만
유럽 연합의 총인구수는 약 4억 5천만 명이에요.

¡Hola!
你好
Hello
Здравствуйте

천문대에 가면…

밤하늘의 별을 관찰하고 싶다면 천문대를 찾아보세요. 까만 하늘에서 밝게 빛나는 별들을 관측할 수 있어요. 여러분이 사는 지역에도 어린이를 위한 천문대가 있을 거예요.

동지는 일 년 중에 밤이 가장 긴 날로, 보통 12월 21일 또는 22일이에요.

고양이는 야간 시력이 좋아서, 아주 적은 양의 빛만 있어도 잘 볼 수 있어요.

밤이 뭘까?

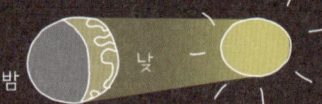

지구는 24시간마다 한 번씩 스스로 회전해요. 지구가 태양 빛을 받는 쪽이 낮이고, 태양 빛을 받지 않는 쪽이 밤이에요.

멀리 더 멀리…

하와이 마우나케아산에는 세계적인 규모를 자랑하는 거대 망원경이 있어요. 렌즈가 클수록 우주에서 오는 빛을 많이 모으니까 아주 먼 곳도 관찰할 수 있지요. 지금도 여러 나라가 거대 망원경을 만드는 데 노력하고 있어요.

주맹증이란
밤의 시력이 낮의 시력보다 더 좋은 거예요.

활주로를 비춘 오토바이

2013년 4월 3일 밤, 페루에서 환자를 태운 비행기가 긴급히 이륙해야 할 상황이 생겼어요. 하지만 활주로에 불이 켜지지 않았지요. 그때 300대의 오토바이가 무선 호출을 받고 나타나 헤드라이트를 비춘 덕분에 비행기는 예정대로 이륙할 수 있었어요.

기록
극지방에서는 밤이 6개월 동안 이어져요. 북극은 9월부터 3월까지, 남극은 3월부터 9월까지 이어지지요.

384,400

지구와 달 사이의 거리를 킬로미터 로 나타낸 숫자예요. 이 거리는 태양계의 모든 행성이 들어갈 만큼 멀어요.

기록

미국 리버모어에 있는 소방서에는 1901년부터 지금까지 100년 넘도록 켜진 전구가 있어요. 소방서는 웹캠으로 희미하게 빛나는 전구 영상을 실시간으로 보여 주지요.

날다람쥐는 날개가 없지만 마치 낙하산을 타는 것처럼 날 수 있어요. 이 나무에서 저 나무로 수십 미터를 돌아다녀요.

한 운동화 제조 업체가 절뚝거리는 암컷 코끼리를 위해 세계에서 가장 큰 신발을 만들었어요.

모기를 내쫓는 비누?

2013년, 서아프리카의 작은 나라 부르키나파소에 사는 두 학생이 특별한 비누를 개발했어요. 바로 모기를 내쫓는 비누였어요. 아직도 세계 곳곳에서는 모기 때문에 '말라리아'라는 끔찍한 바이러스가 유행하기도 해요. 비누 덕분에, 손을 씻는 것만으로 수백만 명의 삶이 바뀔 수 있답니다.

따르릉

전화 공포증도 있어요. 전화기를 사용하거나, 통화를 하는 것에 대해 불안감을 느끼는 거예요.

이렇게도 할 수 있어!

탁!

꾁!

지렁이와 귀뚜라미 요리?

프랑스 니스에서 레스토랑을 운영하는 다비드 포르는 메뉴에 지렁이와 귀뚜라미를 추가했어요. 그는 곤충이 미래의 대체 식량이 될 거라고 생각해요.

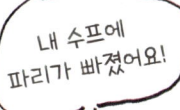

13

롤랑가로스에서 라파엘 나달 이 우승한 횟수예요.
(롤랑가로스: 테니스 4대 그랜드 슬램 대회로, 프랑스 파리에서 5월에 열려요.)

녹지 않는 초콜릿

2013년 미국의 식품 회사에서 녹지 않는 초콜릿을 개발했어요. 이 초콜릿은 40도가 넘는 온도에서도 녹지 않는다고 해요.

자이언트 라플레시아는 세계에서 가장 큰 꽃이에요. 지름이 약 91센티미터까지 커져요. 이 꽃은 잎과 줄기가 없어서 스스로 영양분을 만들 수 없어요. 그래서 다른 나무의 뿌리에 붙어 자라는데, 꽃에서 고기 썩는 냄새가 나요. 재미있게도 그 냄새 때문에 곤충들이 몰려와 꽃이 필 수 있게 도와준답니다.

커피 길 따라 요트 경기

프랑스와 브라질 사이에는 역사적인 커피 무역 길이 있어요. 이 바닷길을 따라 14일 이상 항해하는 요트 경기가 있는데, 쟈크-바브르 대서양 횡단 요트 경기예요. 배마다 두 명의 선수만 타야 하지요.

기록

세계에서 가장 좁은 길의 폭은 불과 29센티미터예요. 프랑스 남부에 있어요.

기온이 변하면 색도 변하는 우표?!

2013년, 벨기에 우체국이 왕립 기상 연구소의 100주년을 기념하는 우표 4장을 발행했어요. 이 우표는 특이하게도 기온에 따라 색이 변해요.

이 우표대로라면 날씨가 맑아야 하는데…

그러게, 말이야.

기린 목의 길이는 최장 3미터예요.

조경사는 무슨 일을 해?

정원이나 공원에 있는 나무들이 잘 성장할 수 있도록 가지를 쳐내거나 병충해를 막는 일을 전문적으로 해요.

너 그 위에서 뭐 하는 거야?

내 할 일 하고 있는데요…

고속도로에서 자전거를?!

2013년 6월 12일, 한 미국인이 위험하게 자전거를 타고 고속도로를 달렸어요. 결국 경찰에게 붙잡혔는데, 고속도로에서 자전거를 타도 되는 줄 알았다고 해요.

진짜 유령 섬이 있다고?

이게 내 보물 지도야!

캡틴은 완전 거짓말쟁이야!

지도에 섬 하나를 표시한다는 건 어려운 일이에요. 믿을 만한 학자들이 꼼꼼하게 관찰해서 증명해야 하고, 그곳을 지나는 수많은 항해사의 증언도 필요하지요. 그런데 태평양에 있다고 알려진 '샌디 섬'은 무려 약 250년 만에 '실제로는 없는 섬'이라는 판명이 났어요. 누군가는 분명 그 섬을 보았기에 지도에 표시했을 텐데 말이죠. 그래서인지 샌디 섬은 유령 섬이라고도 불려요.

개미는 자기 몸무게보다 50배 무거운 물건도 등에 지고 나를 수 있어요.

안경은 언제부터 썼을까?

안경은 1315년에 아르마티라는 이탈리아인이 발명했어요.

기록

조지아에 있는 크루베라 동굴은 깊이가 무려 2,197미터, 길이는 13,432킬로미터나 되는 초대형 동굴이에요. 세계에서 가장 깊은 동굴 중 하나지요.

굉장히 보기 싫군!

나도 싫거든요! 수분 크림 따위!

옥에 티는
'옥에 있는 티'라는 말로 훌륭한 사람이나 물건에 작은 흠이 있다는 뜻이에요.

새들은 왜 줄지어 날아가지?

바람을 거스르며 하늘을 나는 것은 아무리 잘 나는 새에게도 아주 피곤한 일이에요. 그래서 새들이 무리를 이루며 날 때는 맨 앞의 새 혼자 바람을 맞고, 다른 새들은 그 뒤에서 바람을 피하며 날아요. 한 마리만 계속 피곤하지 않으려고 규칙적으로 자리를 바꾸지요.

양파를 자르면 왜 눈물이 날까?

양파를 썰면 양파에 들어 있는 물질이 공기 중에 퍼지면서 눈이 따가워져요. 눈은 이것을 방어하느라고 눈물을 흘리지요.

유럽에서 5월 8일은 무슨 날일까?

유럽의 많은 국가가 5월 8일을 공휴일로 정했어요. 어버이날이라서? 아니에요. 제2차 세계대전이 끝나, 유럽의 평화와 자유의 시대를 기념하는 날이기 때문이에요. 1945년 5월 7일, 독일군의 수장이 공식적으로 연합국(프랑스, 영국, 미국, 러시아 등)에 자국의 패배를 인정한다는 조약에 서명했어요. 이 조약에 따라, 5월 8일에 모든 병사에게 전투를 중단하라고 명령했지요.

"휴! 또 전쟁은 싫어."

"오늘만 이겨 내면, 하루 쉴 수 있을 거야!"

사자의 갈기는 다른 사자들과 싸울 때, 상대의 공격으로부터 목을 보호해요.

밀물과 썰물은 태양과 달이 지구의 바다를 끌어당기는 중력 때문에 생기는 거예요.

오른손과 왼손을 모두 잘 쓰는 사람을 **양손잡이**라고 해요.

164.8

세계에서 가장 긴 다리의 길이를 킬로미터로 나타낸 수예요. 중국의 **단양 쿤산 대교** 랍니다.

아무것도 사지 않는 날?!

전 세계적으로 '아무것도 사지 않는 날'이 있어요. 끊임없이 무언가를 쇼핑하는 현대인의 생활 습관을 반성하려고 생겨났지요. '아무것도 사지 않는 날'은 미국의 최대 쇼핑 행사인 블랙프라이데이에 반대하려고 매년 11월 마지막 주에 있어요. 블랙프라이데이는 추수감사절(매년 11월 넷째 주 목요일) 다음 날이거든요. 우리나라는 1999년부터 녹색 연합이 아나바다(아껴 쓰고, 나눠 쓰고, 바꿔 쓰고, 다시 쓰고의 준말)와 같은 운동을 벌이고 있어요.

감옥이 호텔로 바뀌었어?!

스위스 루체른에 있는 바라바스 호텔은 특별한 호텔이에요. 이곳은 1998년까지 쓰이던 스위스 최초의 감옥이었는데, 지금은 감방을 객실로 개조하여 호텔로 쓴답니다.

기록

세계에서 가장 큰 수영장은 칠레에 있는데, 축구장 16개의 크기예요!

대나무 중에는 불과 하루 동안 1미터도 넘게 자라는 종도 있어요. 이것은 몇 년에 걸쳐 뿌리에 영양분 을 모아 두었다가 폭발적으로 성장하는 대나무의 특성 때문이에요.

드론으로 배달을?

이제는 피자를 드론이 배달하는 시대가 열렸어요.
러시아, 인도, 우리나라까지! 세계 여러 나라에서 이미 시도했답니다.

스토오오오옵!

2013년 6월 1일, 미국 디트로이트에서 열린 자동차 경주가 갑자기 중단되었어요. 경기장 안에 오리 가족이 들어왔기 때문이에요. 경기를 중단하지 않았다면 자동차에 치일 뻔했답니다.

파리는 다리에서 끈적끈적한 물질을 만들 수 있어서, 자유롭게 날다가도 어디든 달라붙을 수 있어요.

전기뱀장어는 주로 먹이를 사냥하거나 자기를 방어할 때 전기를 사용해요.

쿵쿵 두드려도 음악이라고?

2013년 6월, 미국인 음악가 조셉 베르톨로찌는 15일 동안 나무망치로 에펠탑을 두드리며 돌아다녔어요. 그렇게 해서 녹음한 2,000개의 소리로 멋진 음악을 작곡했지요.

나 잡아 봐라!

고고학자들은 선사 시대 사람이 시속 37킬로미터 속도로 달린 흔적을 발견했어요. 물론 이 속도는 단거리 육상 챔피언인 우사인 볼트보다 시속 5킬로미터 느린 속도예요. 하지만 선사 시대에는 운동복이나 운동화가 없었고, 트랙에서 달린 것도 아니니까, 엄청 빠른 거라고 봐야 해요.

기록

세상에서 가장 오래 산 고양이는 38년 3일을 살았어요. 보통 고양이의 수명이 15년이라고 하는데, 정말 대단하죠?

전기를 만드는 축구공?!

미국 하버드 대학교의 두 여학생이 전기 만드는 축구공을 발명했어요. '소켓'이라 불리는데, 배터리를 충전하면 3시간 동안 LED 전등을 켤 수 있어요. 공을 차면서 모인 운동 에너지를 전기 에너지로 바꾸어 저장하는 원리랍니다.

3
어린이 몸에는 약 3리터의 혈액 이 있어요.

남극은 우리나라보다 약 140배 크지만, 그곳에 정착해서 사는 사람은 없어요. 남극은 평화적이고 과학적인 목적으로만 이용할 수 있어서, 주로 여러 나라의 과학자들이 연구하려고 머물 뿐이지요.

이제는 로봇이 바나나도 깐다?

한국과 일본의 과학자들이 바나나 껍질을 까는 로봇을 개발했어요. 바나나에 아무 손상 없어요! 바나나처럼 무른 과일은 조심하지 않으면 쉽게 부서져요. 그래서 과학자들은 사람의 동작을 학습하는 인공지능을 개발하여 수천 번씩 반복해서 연습시켰어요.

염좌란?

이것 참 별일이네. 꼬여도 희한하게 꼬였어!

발목, 손목, 무릎 등 관절 근처의 인대가 늘어나 다친 것을 말해요. 인대는 관절을 단단하게 잡아 주는 역할을 하는데, 인대가 다치면, 관절이 붓고 잘 움직일 수 없답니다.

골키퍼 장갑

골키퍼 장갑은 슛이 날아왔을 때 손가락을 다치지 않도록 보호하는 폼 부분과 공을 잡았을 때 미끄러지지 않게 도와주는 라텍스 부분으로 이루어져 있어요.

나에겐 굉장히 훌륭한 오두막이 있지!

비버가 훌륭한 건축가?

비버는 물가에서 나무를 모아 알아서 집을 짓고 댐을 만들어요. 겨울에 먹을 음식을 저장하고, 언제든 물을 얻을 수 있도록 통로도 만들어요. 포식자로부터 자신을 보호하기도 하지요.

기록

볼리비아의 포토시는 고산 지대에 있는 도시예요. 이 도시에서는 약 16만 명의 주민이 해발 4,000미터 이상 높은 곳에서 살고 있어요.

고대 그리스에서는 무기를 숨기지 않았다는 것을 증명하려고 악수 했어요.

지브롤터 해협은 어디에 있지?

대서양과 지중해를 연결해 주는 이 해협은 스페인과 모로코 사이에 있어요. 해협의 폭이 가장 좁은 곳은 불과 14킬로미터 정도예요. 하지만 수심이 너무 깊어 다리를 건설할 수가 없어요.

2020년에 팔린 컴퓨터의 수 예요. 코로나19 때문에 비대면으로 일하거나 수업해야 했기 때문이에요.

판다는 곰과의 포유류로 원래는 육식 동물이었어요. 하지만 지금은 대나무를 주로 먹는답니다.

여러분이 이 문장을

읽는 동안,

지구에

약 2,000번의 천둥 번개가 쳐요.

플라스틱병 하나가 자연 분해 되려면, 천 년 이상이 걸려요.

600 킬로그램

이것은 대왕고래의 대략적인 **심장** 무게예요.

호텔에서 손님의 짐을 챙기는 사람을 **벨보이**라고 해요. 손님이 벨을 눌러 부른 것에서 유래한 말이에요.

딸랑 딸랑 딸랑

저건 우리가 부를 때 필요한 소리 아닌가?

무슨 상관이에요?

세계에서 가장 큰 지렁이 종인 **메가스콜리데스 오스트랄리스** 는 호주 남서부의 깁스랜드 언덕에서 볼 수 있어서, 자이언트 깁스랜드 지렁이라고 불려요. 일부는 길이가 3미터까지도 자라지요. 이 거대한 호주 지렁이는 현재 보호종이에요.

얼음탑 왕국

남극 대륙을 뒤덮고 있는 얼음의 평균 두께는 약 1,700미터로, 남산 타워 높이의 7배 정도예요.

새로운 별의 이름 짓기!

2013년에 새로운 별이 발견되었어요. 천문학자들은 그 별의 이름을 '노바 델피니 2013'이라고 지었어요. '노바'는 새롭다는 뜻이고 '델피니'는 돌고래자리에서 발견되었다고 돌고래라는 뜻으로, 명명된 이름이에요.

서리는 공기에 있는 물이 차가운 물체와 만났을 때 생겨요. 차가운 땅이나 나뭇잎에 닿자마자 눈처럼 굳어서 바람이 부는 방향으로 점점 두툼해져요.

기록

2016년 1월 31일 캐나다 사스카툰에서 세계 최대 눈싸움 행사가 열렸어요. 무려 7,681명이 참가한 역대 가장 큰 눈싸움이었어요.

바퀴벌레를 키우는 농장?!

2013년 8월 25일, 중국의 한 농장에서 100만 마리 이상의 바퀴벌레가 탈출했어요. 중국에서는 바퀴벌레가 화장품이나 의약품의 원료로 쓰이기 때문에 바퀴벌레를 생산하는 농장이 있어요.

라이트 형제가 최초 하늘을 난 것은 몇 초?

1903년 12월 17일, 미국의 라이트 형제는 인류 최초로 비행다운 비행에 성공했어요.
플라이어 1호를 직접 운전해서 해변 3미터 위를 12초간 날았고, 약 37미터를 이동했어요.

기록

세계에서 가장 비싼 지폐는 싱가포르의 10,000달러예요. 이 지폐는 우리나라 돈으로 약 1,000만 원이에요.

칠성무당벌레는 양 날개가 만나는 선 아래 양쪽에 걸쳐 1개, 좌우 3개씩 총 7개 검은 무늬가 있는 무당벌레예요.

- 칠성무당벌레로 만들어 줘!
- 그거야 쉽지. 점 몇 개를 더 그리면 되지?

160 km/h

이것은 재채기의 속도 예요.

우유 플라스틱 이라고?

프랑스의 한 회사가 우유에 든 카세인을 생분해성 플라스틱으로 바꿀 방법을 개발했어요!

7년　20년　30년　50년　70년　170년

사구아로 선인장의 가지들은 75년 이 지난 후에야 가지를 뻗기 시작해요.

100살 학생

2013년 6월 17일, 멕시코의 마누엘라 에르난데즈 할머니는 100살의 나이에 초등학교 졸업장을 받았어요. 그녀는 어렸을 때 집안 사정 때문에 학교를 그만두었는데, 99세에 다시 공부를 시작해 시험을 봤어요.

마누엘라, 10점 만점에 10점
90년에 걸쳐 배우신 거니까 쉽지 않았을까?

일본에서 캐나다로 간 비둘기?!

2013년 6월, 일본에서 비둘기 경주를 하던 비둘기가 한 달 만에 8천 킬로미터 떨어진 캐나다 군부대에서 발견되었어요. 길을 잃어 태평양을 건너간 거랍니다.

이런! 내 GPS가 또 고장 났네!

캐나다

토끼의 털은 눈이 오는 겨울에 새하얗게 변해서, 눈밭에서는 쉽게 구별되지 않아요.

상체와 하체를 이어 주는 엉덩이 근육 덕분에 우리는 제대로 서고, 걷고, 뛸 수 있어요.

광복절 특사란?

'광복절 특별 사면'의 줄임말로, 광복절을 맞이하여 죄수 중에서 가장 모범적인 죄수를 추려, 풀어 주는 것을 말해요. 국민이 함께 기념하고 축하하자는 취지로, 특별 모범수들은 공동체에서 살아갈 수 있는 기회를 얻어요.

멧돼지와 집돼지는 같은 종이에요. 둘은 서로 먼 친척뻘이라, 교접이 가능해요.

5500도

이것은 지구 중심의 추정 온도 예요!

태양광에 녹아 버린 자동차

런던의 한 건물 때문에 자동차가 녹아 버렸어요. 이 건물의 유리창에서 반사된 태양광이 너무 강해, 건물 아래 주차한 자동차가 녹아내린 거예요.

이상해, 이상해!

'이비아'라는 스페인의 한 마을은 특별한 위치에 있어요. 스페인 땅인데도 스페인과 가까운 프랑스 땅에 둘러싸여 있지요. 하지만 분명 이비아는 스페인 마을이랍니다.

착한 일에는 큰 보상이 온다?

2013년 9월, 미국의 노숙자 글렌 제임스는 우연히 중요한 서류와 4만 1천 달러(약 6천만 원)가 든 가방을 발견하고 주인을 찾아주었어요. 경찰은 글렌에게 감사패를 주었지만, 가방 주인은 조금도 보상하지 않았어요. 선행을 한 글렌을 돕기 위해 모금이 시작되었고, 이틀 만에 10만 달러(약 1억)가 넘는 금액이 모였지요!

모든 개는 저마다 코가 달라요. 마치 사람의 지문처럼 코의 색, 질감, 주름 모양이 달라서 구별할 수 있어요.

기록

물수제비 세계 기록을 가진 사람은 미국인 커트 스타이너예요. 조약돌 하나로 88번이나 물수제비뜨기에 성공했어요.

과학자들이 하늘로 풍선을 보내는 이유?

과학자들은 헬륨으로 채운 풍선을 장비를 매달아 하늘로 올려 보내요. 풍선에 달린 장비는 공기 중의 온도, 습도, 바람 속도, 바람 방향 등을 관찰하지요. 헬륨은 10킬로미터 이상 올라갈 수 있는 기체라서, 높은 상층권까지도 관측할 수 있어요.

경기용 배드민턴 셔틀콕은 둥근 반구 모양의 코르크에 14개~16개의 거위 깃털을 촘촘히 박아 만들어요. 최고급 셔틀콕을 만들 때는 깃털의 방향을 맞추려고 한쪽 방향 깃털만 사용하지요.

기록

칫솔을 처음 만든 사람은 18세기 말, 영국의 윌리엄 에디스예요. 그는 감옥에서 먹고 남은 돼지고기의 뼈에 구멍을 뚫고 뻣뻣한 털을 잘라 끼워 칫솔을 만들었어요. 감옥에서 나온 그는 바로 칫솔 회사를 만들었다고 해요.

블라인드 패스?

같은 팀 선수를 보지도 않고 공을 패스하는 거예요.

Don't count your chickens before they have hatched.

직역하면, '알 깨고 나오기 전에 닭을 세지 말아라.' 지만, 섣불리 예측하지 말아라를 뜻하는 영어 표현이에요. 우리나라에서는 '김칫국부터 마시지 말아라!' 라는 표현을 써요.

동물도 재판을 받아?

중세 시대에는 동물이 법을 어기거나 죄를 짓고 피해를 주었다면 재판을 열었어요. 동물도 사람과 똑같이 재판을 받을 권리가 있다고 믿었어요.

재활용의 여왕 유리

분리수거를 한 유리병은 잘게 부숴 녹여요. 그런 다음 병이나 항아리 모양으로 다시 만들 수 있어요. 유리는 재활용이 잘되는 재료 중 하나예요.

99

장난감이 많으면 뭐 해?

독일의 뉘른베르크 장난감 박람회는 세계에서 가장 큰 장난감 박람회예요. 약 2,700개의 업체가 참가하여 수천 개의 장난감을 전시하지요. 하지만 전문가들만 참여할 수 있어서, 정작 가지고 놀 아이들은 구경도 못 한답니다.

발가락 이름은, 가장 큰 **엄지**부터 시작해서 **검지, 중지, 약지** 그리고 **새끼발가락**이에요.

기록
세계 최대의 태양광 보트의 이름은 '플래닛솔라'예요.

명매기는 여름 철새로 귀제비라고도 불러요. 땅에 내려오지 않고 200일 동안이나 날 수 있어서, 1만 킬로미터 이상을 이동할 수 있어요.

많이 늦은 답장

2013년 9월, 영국의 유명한 그룹 비틀스의 폴 매카트니는 자신에게 메시지를 보낸 두 소녀에게 50년 만에 답장을 썼어요. 한 역사학자가 소녀들이 녹음했던 카세트테이프를 벼룩시장에서 우연히 발견해서 폴에게 전했지요.

그래, 알아, 아직 밀린 편지들이 좀 있어…

17시간

이것은 고양이가 매일 **잠자는 시간**이에요.

소리가 맑지 않네…

다시 해 볼래?

꼬르르륵 꼬륵꼬륵 꼬르륵

우리가 음식을 먹을 때, 음식물과 함께 공기도 몸으로 들어오잖아요? 위에서 음식물을 소화할 때, 음식물과 공기가 섞여서 내려가면 꼬르륵 소리가 난답니다.

먹을 수 있는 포장이라고?

데이비드 에드워즈는 먹을 수 있는 포장재를 발명했어요. 음료, 요구르트, 치즈 아이스크림 등을 담을 수 있는 식물성 포장재는 기존의 플라스틱이나 종이 상자보다 훨씬 친환경적이에요!

동물을 기르기 위해 짓는 시설을 **축사**라고 해요.

101

냄새 없애는 마늘

브라질의 연구소에서 마늘 성분으로 약을 개발했어요.
이 약을 먹으면 나쁜 냄새를 유발하는 미생물을
없앨 수 있대요.

너 방귀 뀌었어?
아니!
마늘 냄새 나…

달이 지구 둘레를 한 바퀴 도는 데
걸리는 시간을 한 달로 정하여 만든
달력을 음력 이라고 해요.

시장님, 제가 여름휴가
갈 때 제 금붕어를 좀
돌봐 줄 수 있나요?

그렇게 해 주지!

도시의 시장이 하는 일은?

성인이 되면 4년마다 내가 사는 도시를
이끌 시장을 뽑으려고 투표해요.
시장과 시청 직원들은 도시 안에 있는
학교, 스포츠, 문화 행사, 공공 서비스,
안전은 물론 많은 것을 책임져야 하지요.
그래서 시장을 뽑는 일은 아주
중요한 일이에요.

해파리 때문에 문 닫은 발전소

2013년 9월, 스웨덴의 오스카샴 발전소는 며칠 동안 문을 닫아야 했어요. 냉각에 필요한 바닷물을 퍼 올리는 관에 해파리들이 끼어 있었기 때문이에요.

관을 막은 게 이거였어요…

이럴 수가! 원자력을 반대하는 해파리들이군!

656

이것은 인체에 있는 대략적인 **근육의 수** 예요.

초콜릿으로 관을 만든다고?

1973년에 사망한 스웨덴 제과업자인 롤랜드 올슨은 초콜릿으로 만든 관에 묻혔어요!

갈증이란 몸에 수분이 부족해서 물을 마시고 싶은 느낌을 말해요.

아빠 할아버지가 갈증 나신대요!

으흠.

아프리카 사바나의 미어캣들은 멀리 있는 적을 알아보기 위해 자주 몸을 일으켜 두 발로 서요.

기록

2013년, 미국인 애쉬리타 퍼맨이 한 시간 동안 코로 불어 낸 풍선의 수는 무려 380개예요.

103

기록

세계에서 가장 인구수가 적은 나라는 바티칸이에요.

풋, 허풍 떨지 마!
나 오래 날 수 있어!

허풍 떤다는 말은 실제보다 지나치게 과장해서 믿을 수 없는 말이나 행동할 때 하는 말이에요.

비버의 앞니는 강력해요. 지름 50센티미터인 나무도 앞니로 갉아서 30분 안에 쓰러뜨려요.

70,000

이것은 우리의 뇌 가 매일 하는 생각들의 수예요.

밤에 왜 전기 코드를 빼야 할까?

전자 제품은 전원을 꺼도 코드를 꽂아 두면 에너지를 계속 써요. 그래서 사용하지 않을 때는 완전히 전기 코드를 빼야 해요.

에취이이이이이!

재채기하면 코를 간지럽히는 물질이 바람과 함께 밖으로 튀어나와요. 무려 시속 160킬로미터 이상의 속도로요! 이것은 투수가 야구공을 던지는 공보다도 빠르답니다.

횡설수설은 도무지 알아들을 수 없게 정신없이 떠드는 말이에요. 말의 앞뒤가 없이 아무렇게나 떠드는 사람에게 쓰지요.

벌들은 따뜻하게 지내기 위해, 벌집 가운데 모여 공동생활 을 하며 살아요.

easy as a pie.
직역하면 '파이처럼 쉽다.'예요. 이 말은 우리나라의 '식은 죽 먹기'와 같은 뜻이에요.

창문에 부딪히는 비는 왜 똑바로 흘러내리지 않지?!

유리창은 겉으로 평평해 보여도 실제로는 작은 요철로 이루어져 있어요. 빗방울들이 요철 사이의 굴곡으로 지나서 지그재그로 흐르는 것처럼 보여요.

과식도 중독이라고?!

2021년 10월 7일, 국제 학술지 '뉴런'에서 과식은 습관을 넘어 중독에 가깝다는 내용이 발표되었어요. 가레트 스튜버 워싱턴대 의대 교수는 과식을 일으키는 뇌 회로가 중독을 일으키는 뇌 영역과 큰 연관이 있다는 사실을 확인했다고 말했답니다.

미리 먹어 둬야 해!

노르웨이에 있는 케라그 바위는 두 절벽 사이에 크고 둥근 돌이 끼어 있어요.

돌이라고 모두 물에 가라앉는 것은 아니에요. **경석**은 아주 가벼워서 물에 잘 떠요. 경석은 화산의 용암이 갑자기 식으며 가스를 많이 배출하여 구멍이 많아요.

513

프랑스의 주민 한 명이 매년 배출하는 **생활 쓰레기**를 킬로그램으로 표시한 수예요.

어느 나라 국기일까?

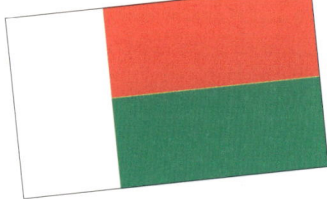

마다가스카르 국기예요. 하얀색은 순수함을, 빨간색과 초록색은 각각 주권과 희망을 뜻해요.

1년이 365일 있는 해를 **평년**, 356일 있는 해를 **윤년**이라고 해요. 윤년에는 2월 29일이 있어요. 지구가 태양을 한 번 도는 데는 실제로 365.2422일이 걸려요. 매년 0.2422일을 모아 4년에 한 번 2월을 하루 늘려서 달력을 실제 공전주기와 비슷하게 맞춘 거예요.

기록

세계에서 가장 높은 곳에서 달리는 철도는 칭하이-티베트 구간을 달리는 칭짱철도예요. 해발 5,068미터에 있는 탕구라역은 세계에서 가장 높은 기차역이고, 해발 4,905미터의 펑훠산 터널은 세계 최고 높이의 터널이에요.

친선 경기란?

운동선수가 우승을 목적으로 하는 경쟁이 아니라, 서로 간에 친밀한 관계를 높이기 위해 하는 경기를 친선 경기라고 해요.

좀이 쑤시다는 마음이 들뜨거나 초조하여 가만히 있지 못할 때 쓰는 말이에요.

시험관은 뭐 할 때 쓸까?

화학 실험을 할 때, 여러 약품을 섞기 위해 쓰는 유리관이에요.

107

세계에서 가장 매운 고추

세계에서 가장 매운 고추 중 하나는 부트 졸로키아 고추예요. 화상을 입을 수 있어 반드시 장갑을 끼고 만져야 해요. 인도에서는 이 고추 성분을 이용해 테러용 수류탄을 만들었어요.

트로이드 크로에수스는 손꼽히게 큰 나비예요. 이것이 실제 크기로, 길이가 17센티미터예요.

가위바위보 잘하는 로봇?

일본의 과학자들이 가위바위보 게임에서 매번 이기는 로봇을 발명했어요. 이 로봇은 상대방의 손동작을 단 1초 만에 분석해서 상대방을 이겨요.

지셨네요.

다음엔 백전백패하는 로봇을 만들겠어.

9.14

세계에서 `가장 작은 개의 키`예요.
길이는 12.7센티미터,
무게는 553그램이에요.

곰살맞다는
몹시 부드럽고 친절하다는 뜻이에요.

무당벌레와의 전쟁

유럽이 진딧물을
없애려고 중국에서
무당벌레를 들였어요.
그런데 중국 무당벌레
의 식성이 너무 왕성해서
유럽의 무당벌레들을
멸종시켰어요. 게다가
중국 무당벌레 애벌레 몸에
사는 곰팡이의 독성 때문에
유럽 토종 무당벌레들이
감염되고 있지요.

이제 진딧물은 더 없지만, 아주 맛있는
프랑스산 무당벌레가 있는데요!

기록

세계에서 가장 큰 감자튀김 콘은
높이 7미터, 무게 약 6.2톤이에요.
4,000명이 손으로 감자를 까서
만들었지요.

109

이것은 무슨 표지판일까?

표지판이요.
보해자 전용 도로

I'm not yellow.

직역하면 '나는 노랑이 아니다.'지만, 나는 겁쟁이가 아니다를 뜻하는 영어 표현이에요. 'yellow'에는 '겁쟁이'라는 뜻도 있답니다.

매일 빠지는 머리카락

우리는 매일 50~100개의 머리카락이 빠지지만, 일정 나이까지는 그만큼 머리카락이 새로 나요.

너무 많은데…
너무 적은데…

기타는 대부분 **줄이 6개** 예요.

기록

바오밥은 아프리카와 호주에서 자라는 거대한 나무예요. 바오밥의 줄기는 스펀지처럼 9,000리터 이상의 물을 저장할 수 있어요. 그래서 '병나무'라는 별명을 얻었어요.

브라질 이름이 브라질인 이유?

브라질의 이름은 빨간색 염색 재료가 나는 '브라질 우드'에서 유래했어요. 포르투갈어로는 '파우 브라질'인데, '불붙은 숯 같은 나무'라는 의미가 있지요. 이 나무가 많이 자라는 지역이라고 해서 나라 이름이 브라질로 정해졌답니다.

와, 색이 정말 예쁘네.

아니야, 저건 진짜 숲에 불이 난 거야.

사람은 일생에 약 50톤의 음식물과 50,000리터 정도의 음료를 섭취하는데, 소 71마리에 해당하는 양이에요.

고대 세계 7대 불가사의 중 지금까지 남아 있는 것은 이집트 기자의 쿠푸 왕 피라미드뿐이에요.

우리 몸이 에너지를 만드는 과정

우리 몸을 움직이려면 에너지가 필요해요.
이 에너지는 음식을 소화해서
얻을 수 있어요.

1.
음식을 꼭꼭 씹어요.
소화 과정 중 첫 번째는 입에서 이루어져요. 음식물을 이로 잘게 부수고, 혀를 이리저리 움직이며 침으로 부드럽게 만들어요.

2.
더 잘게 만들어요.
입에서 삼킨 음식물은 식도를 통해 위로 이동해요. 위는 강한 근육으로 덮인 주머니예요. 잘게 부순 음식물을 위액과 잘 섞어 죽처럼 만들어요.

3.
영양분을 흡수해요
위액과 잘 섞인 음식은 작은창자로 내려가요. 작은창자의 안쪽 벽에 '융모'라는 돌기가 있는데, 이 돌기가 음식에서 영양분을 흡수해 혈액과 섞어 저장해요. 음식에서 영양분을 흡수하고 남은 찌꺼기는 큰창자로 가요.

4.
맑은 피로 걸러서 저장해요.
간과 신장에서는 혈액에 있는 독성 물질을 제거하고, 남은 찌꺼기는 소변을 통해 우리 몸에서 내보내요.

5.
노폐물을 몸 밖으로 내보내요.
모든 음식물이 영양분으로 흡수되지 않기 때문에, 몸에는 찌꺼기가 남아요. 대장에서 찌꺼기의 물기를 빨아들이면, 몇 시간 후 항문을 통해 똥으로 배출되지요.

만약 여러분이 너무 많이 먹거나, 음식물을 제대로 소화하지 못하면 우리 몸에 가스가 생겨요. 그래서 방귀가 나오는 거예요!

히말라야산맥에 있는 낭가파르바트산은 '벌거숭이 산'이라고 불려요. 절벽이 많아 오르기도 어렵고, 꼭대기에 눈이 쉽게 쌓이지 않기 때문이에요. 낭가파르바트산은 매년 7밀리미터씩 높아지고 있답니다.

눈송이는 어떻게 만들어질까?

구름의 온도가 0도 이하로 내려가면, 구름 속의 작은 물방울이 얼기 시작해서 얼음 조각이 돼요. 이 얼음 조각이 주위에 있는 수증기를 흡수해 별 모양을 만들지요. 이렇게 모인 조각들이 점점 커져서 무거워지면 눈송이 형태로 내리는 거예요.

눈이 내리는 양이 녹는 양보다 많아, 1년 내내 쌓인 눈을 **만년설**이라고 해요. 이것은 고산 지대나 극지방처럼 기온이 매우 낮은 지역에서 볼 수 있어요.

오른발? 왼발? 스노보드를 탈 때는 어느 발을 앞쪽에 놓을지 정해야 해요. 보드 앞에 놓는 발이 오른쪽이면 구피, 왼쪽이면 레귤러예요. 오른손잡이 왼손잡이처럼요.

오로라는 왜 생기지?

오로라는 극지방에서 볼 수 있는 희귀하고도 경이로운 자연 현상이에요. 태양에서 생긴 먼지는 무서운 속도로 지구를 지나면서 지구를 둘러싼 대기층과 충돌해요. 이때 지구의 대기층과 만나 붉은색, 노란색, 초록색, 오렌지색 등 다양한 빛을 만들어 낸 것이 오로라예요.

극지방 정복은 내가 최초!

최초의 극지 탐험은 1911년에 로알드 아문센이 남극으로 향하면서 시작되었어요. 그러다가 아문센은 1926년에 비행기를 타고 북극을 지나면서 최초로 남극과 북극 모두 정복한 사람이 되었지요.

기록

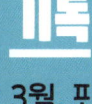

2021년 3월, 핀란드의 요한나 노르드블라드는 얼음 다이빙에 도전했어요. 얼음 다이빙은 산소 탱크나 오리발 없이, 수영복만 입고 1미터의 얼음 아래에서 잠수하여 헤엄치는 거예요. 그녀는 103미터라는 누구도 쉽게 따라올 수 없는 기록을 세웠어요.

풍선, 지우개, 타이어 등 우리 주변에서 다양하게 쓰이는 고무는 네덜란드어 'gom'이 일본을 통해 '고무'로 변형되어 우리나라에 전해진 외래어예요.

마오리족의 응원 댄스?!

하카는 뉴질랜드 부족인 마오리족이 전쟁에 나가기 전에 격렬하게 추는 전통 춤이에요. 뉴질랜드 럭비 대표팀은 1905년부터 경기 시작 전에 하카를 선보이며, 하카를 전 세계에 알리고 있어요.

문학 금메달리스트?!

피에르 드 쿠베르탱은 올림픽을 만든 창시자예요. 당시에는 '예술 올림픽'을 열어 운동 종목을 겨루듯 노래, 연주, 연설 경연도 같이 진행되었어요. 쿠베르탱도 1912년에 '스포츠 찬가'라는 시를 지어 문학 금메달을 받아 올림픽 챔피언이 되었답니다.

승마 경기가 금지된 올림픽

1956년 오스트레일리아 멜버른에서 올림픽이 열렸어요. 그런데 당시 오스트레일리아는 방역 정책이 엄격해서 말을 수입하는 것을 금지하고 있었어요. 그래서 승마 경기만 스웨덴 스톡홀름에서 먼저 열렸답니다.

영화 〈해리포터〉를 보면, 빗자루를 타고 날아다니며 네 개의 공을 사용하는 '퀴디치'라는 스포츠가 있어요. 현실판 퀴디치가 바로 '쿼드 볼'이에요. 한 팀에 남녀 7명인데, 선수들은 빗자루를 다리에 끼고 한 손으로 잡은 채 경기해요. 심판이 들고 달리는 공을 잡으면 30점을 얻어요.

이겼는데 못 받은 트로피

1950년 브라질 월드컵 결승전에서, 우루과이가 브라질에 2:1로 역전승을 거두었어요. 주최국이었던 브라질은 너무 실망한 나머지, 우승팀에게 트로피도 주지 않았답니다!

1982년 월드컵 경기에서 헝가리가 엘살바도르를 무려 10대 1로 이겼어요. 역대 월드컵 경기 중에서 가장 큰 점수 차이를 기록했어요.

기록

2010년, 윔블던 테니스 대회에서 가장 긴 테니스 경기 시간을 기록했어요. 존 이스너와 니콜라스 마웃은 11시간 5분 동안 경기했어요.

2014년, 미국의 프로야구 메이저리그 후손이 바나다 트윈스 경기는 가장 긴 야구 경기 시간을 기록했어요. 이 경기 시간은 총 18시간 28분 20초예요.

브라질팀은 월드컵 경기 1회부터 **22회** 까지 참여한 세계에서 유일한 팀이에요. 반면 보스니아-헤르체고비나는 2014년에 처음 참가했어요.

5

월드컵 트로피를 만들 때 **금 5킬로그램** 이 필요해요.

스코틀랜드에 가면! 꼭 봐야 하는 전통 행사!

하일랜드 게임은 스코틀랜드 하일랜드 지역의 전통 행사예요. 과거 이곳의 농장 일꾼들은 체력을 키우려고 힘과 기술을 겨루는 활동을 해 왔지요. 이 행사에서는 무거운 돌 멀리 던지기, 창 던지기, 암벽 타기, 줄다리기, 통나무 던지기 등 다양한 게임이 열려요. 참가자들은 전통 의상인 킬트를 입고, 전통 악기인 백파이프를 연주하기도 해요.

3,000

이것은 제비 한 마리가 평균적으로 하루에 잡아먹는 파리의 수 예요.

야생 침팬지들은 바나나를 잘 먹지 않아요. 야생 바나나에는 영양가가 거의 없거든요.

보이지 않아도 볼 수 있는 기술

스페인의 연구원들이 한 여성 시각 장애인의 뇌에 뇌 임플란트(이식용 조직편)를 이식했어요. 카메라가 달린 안경을 쓰면, 눈앞에 있는 이미지 정보가 뇌 임플란트로 송신되어, 뇌가 이미지를 인식하는 거예요. 이 장치 덕분에 그녀는 전등과 사람, 그리고 종이에 쓰인 글자의 형태를 알아보는 데 성공했어요.

해저에 있는 우체국?

상어가 가득하다고 쓰였는데 그다음부터는 읽을 수가 없어

남태평양의 작은 섬 바누아투에는 세계에서 하나뿐인 해저 우체국이 있어요. 여행객들은 방수 엽서를 써야 하고, 잠수해야 이용할 수 있어요.

해파리는 몸의 95% 이상이 물로 이루어져 있어요. 그래서 몸 밖으로 나오면 우리에게 익숙한 동그란 모양을 유지하지 못한다고 해요.

발밑에 바다가?

지질학자들이 지구 아래에 거대한 저수지가 있다는 것을 발견했어요! 이것은 지구 내부에서도 물의 순환이 일어난다는 것을 뜻해요. 하지만 이것이 지구에 어떤 영향을 줄지는 아직 알 수가 없어요.

사람들이 우리를 절대로 찾지 못하길…

기록

2004년 5월 8일, 중국의 40대 여성이 13살부터 머리카락을 길러서 총 5.627미터의 머리카락 길이로 세계 기록을 세웠어요.

17

루이 라는 이름을 가진 프랑스 왕의 수예요.

드라이기 작동 원리?

헤어드라이어의 전원을 켜면, 전기가 흐르면서 열선에서 열이 발생해요. 열선에서 생긴 뜨거운 공기를 내보내 머리카락의 습기를 말려 주지요.

훌륭한데!

축구화의 장점?

축구화는 잘 미끄러지지 않아요. 그래서 선수들이 잔디밭에서도 빠르게 달릴 수 있어요.

샤인머스캣이 푸른색인 이유?

샤인머스캣 포도의 품종 중 하나로 청포도색이에요. 보통 자연 세계에서 색이

우리나라 계절은 봄, 여름, 가을, 겨울로, 일 년의 기후 변화에 따라 나뉘었어요. 사계절이 뚜렷하였지만, 지구 온난화로 여름은 길어지고 봄, 가을, 겨울은 짧아지고 있답니다.

귓바퀴 란 연한 뼈로 이루어진 귀의 바깥 부분이에요. 소리를 모아 귓구멍으로 쉽게 들여보내는 역할을 해요.

각각 어느 나라 국기?

둘 다 남아메리카의 파라과이의 국기예요. 왼쪽 국기의 앞면과 오른쪽 국기의 뒷면이랍니다. 세계에서 앞뒤 두 개의 국기가 다른 유일한 국기예요.

기록

중국의 유젠샤는 2016년에 가장 긴 속눈썹을 가진 여성이라는 기록을 세웠어요. 한 가닥이 12.4센티미터! 그녀의 속눈썹은 그 이후에도 계속 자랐고, 2021년 왼쪽 속눈썹 한 가닥을 측정해 보니, 20.5센티미터나 되었어요.

해달이 손잡고 자는 이유?

해달은 종종 바다에 누운 채 잠을 자요. 자는 동안 무리를 벗어나지 않으려고 서로 손을 잡지요. 그 모습은 마치 뗏목이 떠 있는 것 같아요.

화려한 것은 독이 있다는 것을 알리는 표시이기도 해요.

식물의 한살이

식물은 씨앗에서 싹이 트면 잎과 줄기가 자라서 꽃을 피우고 열매를 맺으며 다시 새로운 씨를 만들어요.

왜 짚과 나무로 아파트를 지었지?

프랑스에서 짚단과 나무를 재료로, 8층짜리 공공 임대 아파트를 세웠어요. 짚단으로 채워 나무판으로 외벽을 만들면 냉기를 막고 열을 보존할 수 있어서 난방비와 온수비를 아낄 수 있기 때문이에요.

이 건물을 입김으로 날려 버려야지, 아기 돼지가 많이 있을 거야.

9550세

스웨덴 국립 공원에 있는 가문비나무의 나이 를 측정한 숫자예요. 올드짓코라는 이름을 가진 이 나무는 빙하 시대 말기에 뿌리를 내려 지금까지 살아온 것으로 보여요.

샤페이의 주름은 혹시라도 물렸을 때 심하게 다치는 걸 막아 줘요.

손 씻기는 셀프 백신!

10월 15일은 세계 손 씻기의 날이에요! 손 씻는 일은 매우 간단하지만, 코로나19와 같은 감염병을 예방하는 데 도움 된다는 것을 사람들에게 알리기 위한 날이지요. 손은 흐르는 물에 비누로 30초 이상 씻어야 한다는 것, 꼭 기억해요!

기록

세계에서 가장 긴 직선 계단은 11,674개로, 스위스의 니센이라는 산의 철로 옆에 설치되어 있어요. 보통 때는 철로 관리용으로만 사용하고, 매년 계단 오르기 대회를 열 때만 일반 사람들에게 공개한대요.

남과 북을 가르는 38선

38선은, 미국과 소련이 우리나라를 나눠서 통치하려고 북위 38도 위선을 기준으로 나눈 경계선이에요. 38선과 휴전선이 같다고 착각하면 안 돼요. 휴전선은 6·25전쟁이 멈춘 후 만들어진 경계로서, 38선에 비해 서쪽 경계는 남쪽으로 약간 내려오고, 동쪽 경계는 북쪽으로 약간 올라갔어요.

비버는 나무 갉는 능력이 뛰어나요. 지름 5~20센티미터의 나무도 손쉽게 쓰러뜨리지요. 비버의 앞니는 죽을 때까지 자란다고 해요.

기록

세계에서 가장 높은 롤러코스터는 최대 높이 139미터예요. 미국 뉴저지의 놀이공원에 있어요. '킹다 카'라는 이 놀이기구는 127.4미터의 높이에서 아래로 뚝 낙하해요. 여러분이 탄다면 무서워서 분명 소리를 지를 거예요!

354

이것은 개 전체 품종의 수예요.

손톱은 겨울보다 여름에, 밤보다 낮에, 어른보다 어린이가 더 잘 자라요.

팔랑귀란 자기 생각에 대한 확신이 없어서 다른 사람의 말에 쉽게 흔들리는 사람을 말해요.

골든리트리버는 시각 장애인을 돕는 개예요.

권투 글러브는 충격 흡수가 우수한 메모리 폼 위에 쉽게 닳지 않는 합성 가죽으로 감싸 만들어요.

주머니에 한 마리밖에 없던 토끼가

계속 나오는 마술!

기압계, 무엇에 쓰는 물건?

기압계는 공기의 무게를 측정하는 기기예요.
공기는 날씨에 따라 무게가 다르거든요.
따뜻한 공기는 차가운 공기보다 가볍지요.
기압의 변화를 측정하면, 날씨의 변화도
예측할 수 있어요.

최초의 마술은 어떤 마술이었을까?

최초의 마술은 기원전 이집트에서 공과 컵을 이용한 공연이었다고 알려져 있어요.

26 킬로그램

프랑스인이 매년 먹는 **치즈**의 평균 무게예요.

세계 친절의 날?!

매년 11월 13일은 세계 친절의 날이에요. 이웃에게 작은 선행을 베풀어, 이 선행을 마을에서 사회로, 사회에서 국가로, 국가에서 세계로 퍼져 긍정적인 변화를 이끌자는 취지로 생겼어요. 하지만 이날 하루만 친절하게 지내고 남은 기간은 친절하지 않아도 된다는 말은 아니에요. 이 책을 읽는 오늘 역시 세계 친절의 날이랍니다.

> 너 잊은 거야? 응? 세계 친절의 날이잖아!

어마어마한 무게

오늘날 살아 있는 동물 중에 가장 큰 동물은 대왕고래예요. 지금까지 발견된 것 중 가장 큰 것은 길이 33미터가 넘고, 무게는 190톤이나 나갔어요.

가랑비란 무엇일까요? '가랑'은 매우 작은 것을 뜻하는 말로, 가랑비는 가늘게 조금씩 내리는 비예요. 그래서 속담 중 '가랑비에 옷 젖는 줄 모른다.'라는 말도 있답니다.

> 가랑비가 내려.

> 이렇게 많이 오는 게 가랑비라고?

두루마리 화장지가 쓰이기 시작한 건 지금으로부터 200년도 안 됐어요.

드링커블 북?
DRINKABLE BOOK

미국에서 물을 깨끗하게 걸러 주는 책을 발명했어요. 책의 본문 종이를 하나씩 뜯어서 특별하게 제작된 책 상자에 끼우고 일반적인 물을 부으면, 끼운 종이가 필터 역할을 해서 깨끗한 물을 내려보내는 방식이에요. 책 한 권으로 한 사람이 4년간 사용할 수 있어요. 식수가 부족한 환경에서 살아가는 사람들에게 꼭 필요한 책이에요.

길 안내 신발?

2014년 인도의 한 회사가 스마트 신발을 개발했어요. 이 신발을 신고 목적지를 입력하면 신발은 좌우로 진동하면서 목적지까지 안내해요. 처음에는 시각 장애인을 위해 만들었지만, 등산객이나 여행자들에게도 도움이 될 것으로 보인대요.

기록
단 10초 만에 아이스크림 125 숟갈을 콘에 쌓는 데 성공한 기록이 있어요. 이탈리아 아이스크림 가게 주인인 '디미트리 판시에'라는 사람이랍니다.

치아를 덮고 있는 에나멜은 우리 몸에서 가장 튼튼한 부분이에요.

세계 최초 미생물 박물관

2014년 9월 암스테르담에 개장한 마이크로피아 박물관은 세계 최초 미생물 박물관이에요. 마이크로피아의 목표는 일반인에게 미생물에 대한 긍정적인 관점을 심는 거예요.

미생물은 인간의 일상생활에서 필수적인 역할을 하지만, 종종 질병과 관련 있는 것으로만 생각하기 쉬워요. 그래서 오늘날 과학자들과 의사들은 우리의 일상을 개선하려고 미생물을 연구하지요.

K는 어떤 경우!

알파벳 K는 프랑스어에서 가장 적게 쓰이는 알파벳이에요.

이젠 우주에서도 커피메이커!

이탈리아 우주국과 커피 브랜드가 우주에서 사용할 수 있는 커피 메이커 기계를 최초로 개발하여 우주로 배달하는 데 성공했어요. 이제 우주 비행사들도 맛있는 커피를 마실 수 있어요.

기록

세계에서 가장 긴 원통 모양 크리스마스 케이크는 길이가 무려 1,427미터예요. 이 케이크는 2014년 프랑스의 제빵사가 기부를 목적으로 100명의 자원봉사자와 만들었어요.

7

주사위에서 반대쪽 면의 두 수를 더하면 항상 나오는 수예요. 여러분도 직접 던져 보세요!

세계 산타클로스 대회?

매년 스위스의 삼나운에서는 세계 산타클로스 선수권 대회가 열려요. 세계 각국에서 온 산타 참가자들은, 팀원끼리 대형 모자를 같이 쓰고 달리며 선물 줍기, 썰매 타며 자루에 선물 담기, 스키 타고 내려오면서 선물 줍기 등 다양한 경기를 치른답니다.

남아프리카 공화국의 대통령인 넬슨 만델라에게는 '마디바'라는 별칭이 있어요. 마디바는 '존경받는 어른'이라는 뜻으로, 평생 남아프리카 공화국에서 흑인과 백인의 평등을 위해 살아온 만델라 대통령에게 존경하는 마음을 담아 부른 별칭이에요.

스페인 어린이들은 크리스마스가 아니라 1월 6일 동방박사의 날에 선물을 받는대요. 아기 예수의 탄생을 축복하기 위해 왔던 세 명의 동방박사 (멜키오르, 발타자르, 가스파르드)가 선물을 준다고 믿으면서요.

대문자 & 소문자

알파벳이 만들어진 초창기에는 원래 대문자만 있었어요.

바스티유 감옥?

바스티유 감옥은 파리에 있던 감옥이에요. 1789년 7월 14일 프랑스 혁명군들이 바스티유 감옥을 완전히 무너뜨렸어요.

왜 추울 때만 입에서 연기가 날까?

숨을 내쉴 때는 수증기도 함께 나와요. 이 수증기가 차가운 공기나 높은 습도와 만나면, 마치 연기처럼 눈에 보이지요. 그게 바로 입김이에요.

내 팔꿈치는 안되지만, 내 짝꿍 팔꿈치라면? 쪽!

여러분의 몸은 자유자재로 비틀고 구부릴 수 있어요. 하지만 팔꿈치가 입술에 닿기는 어려워요.

모굴이란?

울퉁불퉁한 급경사면을 내려가면서 점프 기술, 공중 연기, 속도를 겨루는 올림픽 종목이에요.

눈올빼미는 추운 북극 지방에 살아요. 깃털이 매우 하얘서, 그래서 '눈올빼미'라고도 불러요.

기록

비틀스는 세계에서 가장 많은 음반을 판매한 영국의 록 밴드예요. 지금까지 10억 장이 넘게 팔렸다고 해요.

131

미래에는 하루가 26시간이라고?

천문학자들이 예측하길, 미래에는 하루가 26시간이 될 수도 있다고 해요. 낮과 밤의 길이에 영향을 주는 지구의 자전 속도가 느려져서, 자전하는 시간이 더 걸리기 때문이라고 주장했어요.

기록

세계에서 가장 긴 축구 경기 시간은 168시간이에요. 2019년 5월 29일부터 6월 5일까지 경기가 이어졌지요. 독일에서 세운 이 기록을 위해 30명 이상의 심판이 필요했답니다.

500

사람 몸속에 사는 **박테리아** 종류의 수예요.

책 읽어 주는 반지?

미국의 과학자들이 손가락에 반지처럼 끼우면 소리 내어 글자를 읽는 기계를 개발했어요. 이것은 시각장애인뿐만 아니라, 글 읽는 것이 어려운 사람들의 생활을 더 편리하게 만들어 줄 발명품이에요.

앗, 불쌍한 코알라!

이럴 수가! 우리 차에 코알라가 치인 건가?

어머, 아프겠다. 코알라 발톱이 부러졌어.

2014년 호주의 고속도로 휴게소에서 코알라가 자동차에 매달려 있는 것이 발견되었어요. 자동차가 고속도로를 88킬로미터 달리는 동안 아무도 코알라가 있다는 걸 몰랐지요. 다행히 코알라는 발톱이 뒤틀리는 것 말고는 무사했답니다.

흰담비는 원래 갈색 털을 가졌는데, 겨울이 되면 온몸이 하얗게 변해요. 눈과 코, 그리고 꼬리 끝만 빼고요.

최초로 혜성 착륙!

2014년 11월, 최초로 혜성에 착륙한 것은 탐사 로봇 필레예요. 필레의 혜성 착륙은 2004년 3월 로켓에 실려 발사된 지 약 10년 만의 성과였어요.

스피드 스키는 속도로 순위를 정하는데, 역대 최고 시속은 250.4킬로미터예요.

250 km/h

기록

세상에서 가장 기다란 만화의 길이는 1,625미터예요! 만화가 지베와 200명의 학생이 함께 제작한 이 만화는 2016년 프랑스 리옹의 만화 축제를 맞아 터널 안에 길게 전시되었어요.

새해맞이 방법?

나라마다 새해를 맞이하는 전통이 있어요. 스페인에서는 자정에 포도 12알을 삼키고, 이탈리아 남부에서는 새해를 맞이할 준비가 되었다는 뜻으로 오래된 물건을 창밖으로 던지죠.

원숭이 내쫓는 원숭이맨!

인도의 뉴델리에서는 원숭이를 도심 밖으로 쫓아내기 위해 '원숭이 맨'이라 불리는 남성들이 원숭이 울음소리를 내며 원숭이들을 겁줘요. 인도에서는 야생 원숭이를 함부로 없애거나 가두지 못하기 때문이에요.

아름답고 짜릿한 둘레길을 원한다면, 스페인으로 오세요! 100미터 깊이의 협곡, 카미니토 델 레이에는 7.7킬로미터 길이의 절벽 길이 이어져 있어요.

사실은 내가 필요 없었군요!

많은 사람이 백설 공주는 왕자님의 입맞춤으로 살아났다고 생각해요. 하지만 원작 그림 형제의 〈백설 공주〉에서는, 백설 공주의 관을 나르던 하인들이 덤불에 걸려 휘청거린 바람에 목구멍에서 독 사과가 튀어나와 살아났지요.

사막에 꽃밭이 있다?

남아프리카에 있는 나마콸란드 사막은 1년에 단 몇 주, 믿을 수 없는 모습으로 변해요. 매년 8월 초부터 9월 중순에 비가 내리는데, 평상시에는 메말라 있던 곳에 다양한 야생화들이 피어나 거대 꽃밭이 된답니다. 하지만 이 멋진 광경은 단 며칠 만에 사라져요.

이글루 는 이누이트족의 전통 집이에요. 눈으로 만들었지요. 이들의 언어로 '집'이라는 뜻을 가진 이글루는 지금도 사냥꾼들이 집에 갈 수 없을 때 대피소로 사용해요.

135

사람이 우주에서 살 수 있을까?

국제 우주 정거장에서는 가능해요. 실제로 이 정거장에는 지구 주위를 돌면서 과학 실험을 하는 여러 우주 비행사가 지내고 있어요.

1

프랑스에서 가장 적은 인구 가 사는 드롬주(프랑스 남동부)의 주민 수예요.

기록

2021년 인도네시아의 등반가가 15미터의 인공 암벽을 5.2초 만에 오르는 데 성공했어요.

립싱크란 노래를 직접 부르지 않고 미리 녹음된 노래에 입 모양만 맞추는 거예요. 악기 연주를 직접 하지 않고 손만 맞추는 것은 핸드싱크라고 해요.

그만해! 이 부분엔 가사가 없어!

컴퓨터의 기억 장치

모든 컴퓨터에는 하드 디스크가 들어 있어요. 컴퓨터의 수많은 프로그램과 자료가 저장되어 있지요.

우리 몸에서 가장 더러운 곳은 어디일까?

손이에요. 손으로 세균이 득실거리는 물건들을 자주 만지기 때문이에요. 그래서 손을 잘 씻어야 해요.

Keep your nose clean.
직역하면 '네 코를 깨끗하게 유지해.' 지만, 말썽 피우지 마를 뜻하는 영어 표현이에요.

세계 모든 사람을 한데 모으면?

조금씩 좁히면, 지구상의 모든 사람이 오스트레일리아 대륙에 촘촘하게 모일 수 있어요.

유명한 그림 〈모나리자〉는 이탈리아의 화가 레오나르도 다빈치가 그렸어요. 이 그림은 프랑스 루브르 박물관에 전시되어 있어요.

135리터

이것은 낙타가 10분 동안 마실 수 있는 물의 양 이에요.

날다람쥐 같은 공룡

중국의 고생물학자들이 박쥐의 날개를 달고 있는 듯한 새로운 공룡을 발견했어요. 이 공룡의 이름은 '이치'인데, 중국어로 '이상한 날개'라는 뜻을 가졌어요. 팔 부분에 길게 뻗은 조직이 날다람쥐처럼 피부로 이루어져 있대요.

여러분 우리를 잊지 마세요.

동물도 인간도 지켜야 해!

지난 40년 동안 야생 동물 개체군의 69%가 지구에서 사라졌어요. 가장 큰 원인은 기후 변화인데, 지구 온난화를 막지 못하면 인간에게도 나쁜 영향을 줄 거예요.

스켈레톤은 시속 140킬로미터 이상으로 달릴 수 있는 얼음 썰매예요.

향기 나는 알람?

프랑스의 한 학생이 엄청난 알람 시계를 발명했어요. 원하는 향기 캡슐을 넣고 시간을 설정하면, 설정한 시간에 사람이 잠에서 깨어나도록 향기가 난대요. 만약 3분 후에도 알람을 끄지 않으면 그제야 소리가 난답니다.

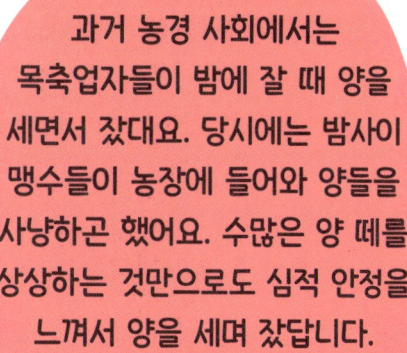

통조림 따개는 통조림 캔이 발명된 지 50년 후에야 발명되었어요. 그전에는 망치와 끌을 사용하거나, 철사를 이용해서 땄어요.

우리나라에도 있는 허그 데이?

허그 데이는 가족, 친구. 그리고 모든 사람을 따뜻하게 안아 주는 날이에요. 우리나라는 12월 14일로 지정했어요. 포옹하면 안정감을 주기 때문에 기분도 건강도 좋아져요.

과거 농경 사회에서는 목축업자들이 밤에 잘 때 양을 세면서 잤대요. 당시에는 밤사이 맹수들이 농장에 들어와 양들을 사냥하곤 했어요. 수많은 양 떼를 상상하는 것만으로도 심적 안정을 느껴서 양을 세며 잤답니다.

기록

우리나라에서 관측된 가장 강한 바람은 2003년에 온 태풍 '매미'인데, 최대 순간 풍속이 시속 216킬로미터였어요.

안전한 인터넷의 날

어린이는 하루에 300번 이상 웃고, 어른은 약 16번 정도 웃는대요.

인터넷은 훌륭한 도구예요. 여러분은 인터넷을 잘 사용하고 있나요? 매년 2월 11은 '안전한 인터넷의 날'이에요. 이날은 학교와 가정에서 온라인 안전 교육을 받으며, 여러분이 안전하고 현명하게 인터넷을 사용할 수 있는 방법에 대해 알아가요.

벌새는 세상에서 가장 작은 새예요.
뒤로 날 수도 있고, 방향을 갑자기 바꿀 수도 있는,
비행 능력이 아주 뛰어난 새지요.
1초에 60회 이상 날갯짓을 할 수 있어요.

으응?

"응?"이라는 표현은 전 세계의 모든 언어에서 쓰여요.

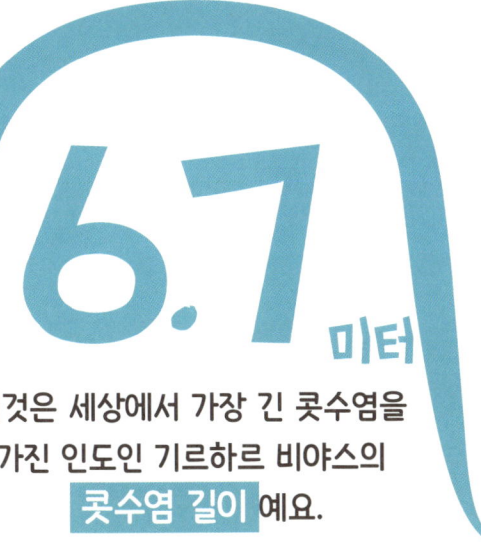

6.7 미터

이것은 세상에서 가장 긴 콧수염을 가진 인도인 기르하르 비야스의 콧수염 길이예요.

기록
우리나라에서 가장 많은 성씨는 '김'이에요.

알파벳 소문자는 왜 생겼을까?

프랑스의 황제 샤를마뉴는 글을 쓸 줄 모르는 문맹이었어요. 당시에는 대문자만 있었고, 지역마다 표기법이 달라, 글자를 읽기 어려웠어요. 글자는 최대한 쉬워야 한다고 생각한 샤를마뉴는 학자들에게 소문자와 띄어쓰기를 만들도록 지시해, 누구나 쉽게 글을 배울 수 있도록 도왔답니다.

말랄라는 멋져. 말랄라 파이팅!

소녀가 소녀를 위해 싸우다! 말랄라 유사프자이

말랄라 유사프자이는 자신의 조국 파키스탄에서 소녀들이 학교에 갈 수 있도록 싸우는 인권 운동가예요. 2014년 12월 10일, 그녀는 만 17세의 나이로 노벨 평화상을 받았어요.

뇌는 어떤 일을 할까?

뇌는 여러분의 몸에서 가장 복잡한 일을 하는 기관이에요.
우리는 뇌가 있어서 느끼고, 생각하고, 행동할 수 있어요.

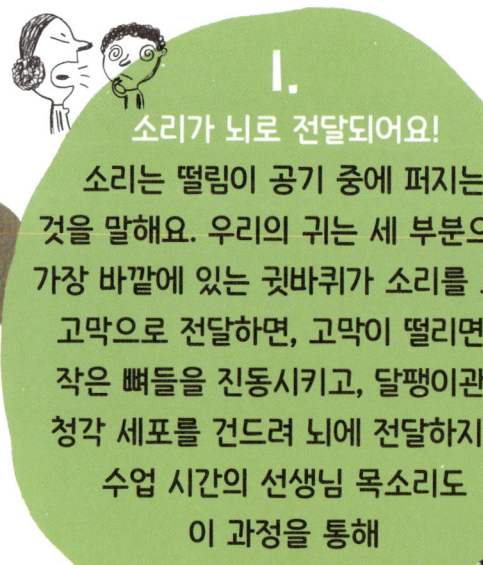

1. 소리가 뇌로 전달되어요!

소리는 떨림이 공기 중에 퍼지는 것을 말해요. 우리의 귀는 세 부분으로, 가장 바깥에 있는 귓바퀴가 소리를 모아 고막으로 전달하면, 고막이 떨리면서 작은 뼈들을 진동시키고, 달팽이관의 청각 세포를 건드려 뇌에 전달하지요. 수업 시간의 선생님 목소리도 이 과정을 통해 듣는 거예요.

2. 뇌가 명령하고 전달해요!

뇌는 140억 개의 신경 세포인 뉴런으로 이루어져 있어요. 뇌는 뉴런을 통해 수많은 정보를 받아들이고, 우리 몸에 명령을 전달해요. 이때 정보는 모두 전기적 신호로 전달되지요. 예를 들어 선생님이 읽는 부분을 같이 보라는 명령이 뇌에서 여러분의 손가락으로 전달되는 거예요.

3.
뇌의 구조!
눈과 귀 등을 통해 들어오는
신호들은 뇌로 전달돼요.
쭈글쭈글한 대뇌의 겉은
위치에 따라 네 부분으로 나뉘는데,
각각 시각, 청각, 촉각, 생각을 담당해요.
담당하는 역할은 다르지만,
모든 뇌는 함께 일해요.

4.
정보를 전기 신호로 바꿔요!
눈은 단어나 문장을 전기 신호로 바꿔요.
이 신호는 시신경을 통해 뇌로 전달돼요.

사람은 지루하거나 배고프거나
졸릴 때 하품을 해요. 이것은 뇌에 산소가 필요하기
때문이에요. 하품을 하면, 우리 몸에 들어간 산소가
혈액으로 흘러 들어가 여러분이 힘이 나도록 도와줘요.

세계 3대 카니발

카니발이란 가톨릭의 전통 명절로, 금식하는 사순절 기간 전에 사흘간 고기를 먹고 즐겁게 노는 행사예요. 세계 곳곳에서 카니발을 즐기는데, 이탈리아, 프랑스, 브라질이 3대 카니발로 유명해요.

미국의 위스콘신에는 '포테이토 레이크'라는 호수가 있어요. 우리말로 해석하면 '감자 호수'예요.

형설지공이란 어려운 처지에서도 반딧불과 눈의 빛으로 글을 읽어 가며 공부함을 일컫는 말이에요.

130 kg (킬로그램)

한국인은 1인당 약 130킬로그램의 음식물 쓰레기를 버린대요.

로봇 식당

중국의 쿤산에는 로봇이 운영하는 식당이 있어요. 주인은 사람이지만, 음식을 만들거나 나르는 것을 로봇이 해요. 요리하기 복잡한 메뉴만 사람이 맡는답니다. 이미 전 세계에 로봇이 식당 일에 참여하는 가게는 많아요. 일본에도 무인 로봇 식당이 있고, 우리나라도 식당에서 음식을 나르는 로봇을 쉽게 볼 수 있어요.

기록
58시간 35분 58초 동안 입맞춤을 한 태국의 연인이 세계에서 가장 오래 입맞춤하는 기록을 세웠어요.

소리를 듣는 식물

과학자들은 소리를 들을 수 있는 식물들이 있다는 것을 발견했어요. 애기장대에 애벌레가 잎을 갉아 먹는 소리를 들려주었더니, 곤충을 쫓아내는 독성 물질이 분비되었어요. 애벌레들은 이물질이 있는 식물을 먹지 않는다는 것을 알아채고 말이에요.

지구상에는 사람보다 닭이 7배나 많아요!

흔들면 충전되는 배터리

파리의 청년 세 명이 놀라운 배터리를 발명했어요. 바로, 흔들기만 해도 충전이 되는 배터리였어요. 전기 콘센트나 충전기가 없어도 되고, 배터리가 방전되었을 때 나오는 쓰레기도 없지요.

유일한 초록색 포유류, 나무늘보

나무늘보의 털은 초록색이에요. 잘 움직이지 않는 습성 때문에 나무늘보의 털 사이사이에 이끼 같은 녹조류가 빨리 자라서예요. 나무늘보의 털에는 수많은 곤충과 곰팡이까지 살고 있어서, 나무늘보의 몸은 마치 걸어 다니는 생태계인 것 같아요.

7만 년

이것은 유럽에서 가장 오래된 도시의 나이 예요. 불가리아의 고고학자들이 찾아냈어요.

화성 탐사 로봇 오퍼튜니티

화성 탐사 로봇 오퍼튜니티는 원래 3개월만 임무를 수행할 예정이었지만, 태양 에너지로 전력을 얻어, 2004년부터 2018년까지 지구와 교신했어요.

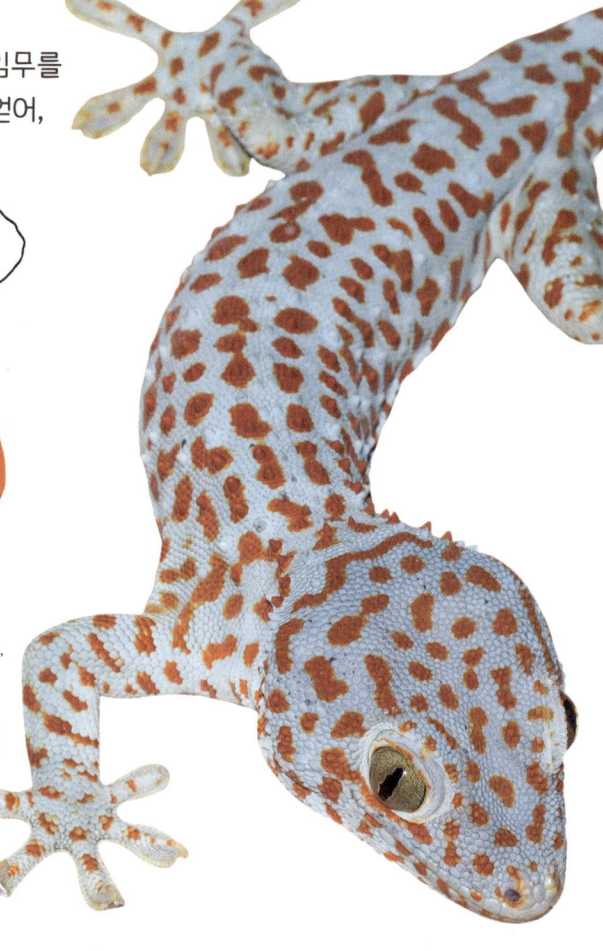

도마뱀의 발바닥에는 아주 미세한 털이 있어서, 어느 곳이든 떨어지지 않고 달라붙을 수 있어요. 4개의 발가락 끝에 있는 수십억 개의 털 덕분에 자신의 무게도 견딜 수 있는 거예요.

주유소에 가지 않는 버스!

2014년 11월, 영국에서 똥으로 움직이는 버스가 운행을 시작했어요. 브리스톨 하수 처리장에 모인 쓰레기에서 생성된 메탄가스로, 버스 연료와 주민들의 전기를 공급하지요. 이 연료를 가득 충전한 버스는 최대 300킬로미터까지 주행할 수 있어요.

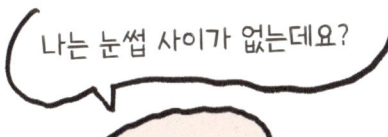

나는 눈썹 사이가 없는데요?

눈썹 사이와 코 윗부분을 **미간**이라고 해요.

기록

2014년 10월 30일, 미국 캘리포니아 대학교 학생들이 베개 싸움을 했어요. 이날 참가한 학생은 모두 4,200명으로 세계 신기록을 세웠어요. 이 학교에서는 매년 신입생들을 위해 새로운 기록을 깨는 행사를 연다고 해요.

흉내쟁이 식물

다른 식물의 모습을 흉내 내는 독특한 성질을 가진 식물이 발견되었어요. '겨우살이'로 불리는 이 식물은 주로 참나무류에 얹혀사는데, 참나무의 잎 모양을 흉내 낸답니다.

어느 나라 국기일까?

북반구는 겨울이에요. 파푸아섬과 뉴펜랜드섬이 있고, 영원히 녹지 않는 빙하지대, 빙하가 만든 협만, 열대우림과 사막지대가 많아요. 연중 강수량이 고릅니다.

320

프랑스에서 1초마다 만들어지는 **바게트** 수예요.

기록

세계에서 가장 규모가 큰 도서관은 미국의 워싱턴 국회 도서관이에요. 1800년에 세워진 이곳에는 4천만 권이 넘는 책을 포함해 1억 7,100만 점 이상의 자료가 있어요.

돌고래들이 바다에서 위험에 빠진 사람들을 도와주는 모습은 아주 오래전부터 발견되었어요.

PC는 무슨 뜻?

persenal computer(퍼스널 컴퓨터)의 약자로, 개인용 컴퓨터를 뜻해요.

환공포증은 모여 있는 작은 원이나 구멍에 느끼는 공포를 말해요.

리듬체조는 체조와 무용이 합쳐진 스포츠 종목이에요. 선수들은 다섯 가지 도구(후프, 줄, 공, 곤봉, 리본)를 사용해 음악에 맞추어 우아하게 연기해요.

청원이란?

청원은 국민이 국가 기관에 어려움을 알리기 위해 글로 쓴 문서를 말해요. 누구든 청원한 사람과 의견이 같다면 서명할 수 있지요. 요즘은 옛날과 다르게 온라인으로도 청원할 수 있고, 다른 사람의 동의를 좀 더 쉽게 구할 수 있답니다.

Stop pulling my leg.
직역하면 '내 다리 그만 잡아당겨.' 지만, 날 속이지 마를 뜻하는 영어 표현이에요.

여기저기 다 보여!

카멜레온의 두 눈은 각각 사방으로 움직일 수 있어서 어느 방향이든 볼 수 있어요. 그래서 멀리 있는 먹이도 금방 찾을 수 있고, 적으로부터 자신을 보호할 수도 있어요.

어느 나라 국기?

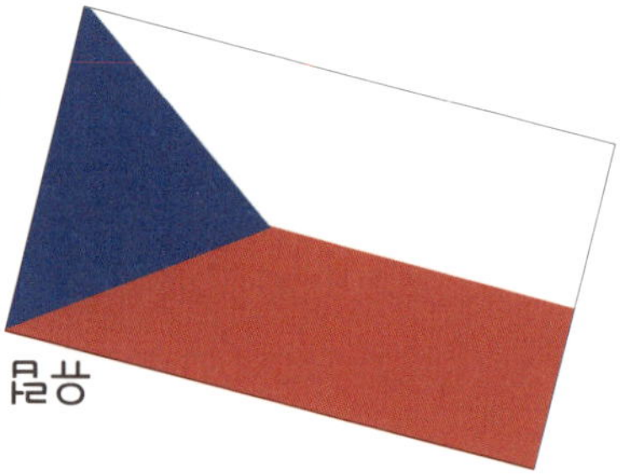

정답: 체코의 국기에요.

키위는 과일 이름이기도 하고 뉴질랜드에 사는 새 이름이기도 해요. 키위새는 덩치가 크지만, 날지 못하는 새예요.

서리에 몸을 얼리는 메뚜기

'마오리나무웨타'라는 메뚜기는 11월 중에 서리가 내리면, 서리에 자기 몸을 얼려요. 얼음 속에서 겨울잠을 자고, 봄이 되면 다시 움직이지요.

진짜 비싼 우표

스웨덴 우표 중에 인쇄가 잘못되어 특별해진 우표가 있어요. 이 우표는 경매에서 160만 유로(한화로 23억 이상)에 팔렸어요.

기록
2009년 영국인 사이번 엘모어는 빨대 400개를 한 번에 입에 넣은 채 10초를 버텼어요.

리즈 시절이란?

리즈 시절은 과거 전성기를 이르는 신조어예요. 처음에는 축구 관련 표현에서 시작했지만, 지금은 연예인, 유명인들의 화려했던 과거 시절을 표현하는 말로 쓰여요.

1m59

이것은 미국 프로 농구 선수 중 가장 키가 작은 먹시 보그의 키예요. 농구 선수의 키는 평균 약 1미터 98센티미터지만, 먹시 보그는 작은 키 덕분에 오히려 상대 수비수 사이를 빠르게 지나다녔어요.

가을에 나뭇잎 색이 변하는 이유?

나뭇잎에는 색깔을 나타내는 색소가 있는데, 그중 녹색을 담당하는 것이 엽록소예요. 가을에는 나뭇잎의 엽록소가 서서히 파괴되기 때문에 빨간색, 노란색, 또는 갈색으로 변하는 거예요.

적란운은 탑처럼 위로 치솟은 거대한 구름이에요. 폭이 약 10킬로미터, 높이가 약 18킬로미터나 된답니다.

컴퓨터 소음은 왜 나는 걸까?

컴퓨터 안에 있는 작은 팬이 돌아가는 소리예요. 이 팬은 컴퓨터에서 생기는 열을 식히는 데 필요해요.

50

이것은 미국에 있는 주의 수 예요.

네트가 필요한 운동?

배구, 탁구, 테니스, 배드민턴 등은 네트를 사용해요. 네트는 코트 중앙에서 양쪽 편을 구분하는 그물이에요. 운동에 따라 크기, 높이가 달라져요.

기록

1970년대에, 영국 콜체스터 동물원에는 검은색 갈기를 가진 '심바'라는 사자가 있었어요. 몸무게가 약 375킬로그램으로 오늘날까지도 세계에서 가장 무거운 사자예요.

젖니가 빠지는 이유는 뿌리에서 영구치가 올라와 젖니를 밀기 때문이에요. 영구치는 만 12세쯤 모두 나와요.

주름은 왜 생길까?

나이가 들면서 피부는 건조해지고 탄력이 떨어져요. 느슨해진 피부 사이로 작은 틈이 생기는 것을 주름이라고 해요.

플라밍고는 구부러진 부리로 물고기를 잡아요. 부리로 물을 빨아들인 후 먹이는 부리 안에 남기고 콧구멍으로 물만 뱉어 내지요.

시계가 무서워요.

중국에서는 '시계를 선물한다.'는 말과 '죽음을 지켜본다.'는 말의 발음이 똑같아요. 그래서 시계를 선물하면 상대방이 죽음과 연관된 의미로 받아들일 수 있어서 조심해야 해요. 아! '손목시계'는 발음이 달라서 오해하지 않는대요.

우취란
우표를 모으거나 연구하는 취미를 말해요.

볼링공의 무게?

볼링공은 무게에 따라 보통 2.7킬로그램~7.2킬로그램까지 있어요.

다른 일엔 무관심하고 열심히 일만 하는 사람을 일벌레라고 말해요.

어느 나라 국기일까?

남수단 공화국의 국기예요.
1년 7월 9일에 북수단에서 독립하여 아프리카에서

지구에서 가장 큰 빙하

빙하는 오랜 시간 동안 눈이 쌓여 굳은 얼음덩어리로, 아주 느린 속도로 바다에서 흘러요. 지구에서 가장 큰 빙하는 남극의 램버트 빙하예요. 길이가 약 400킬로미터나 돼요.

8

이것은 태양계에 있는 **행성의 숫자**예요. 수성, 금성, 지구, 화성, 목성, 토성, 천왕성, 해왕성이에요.

기록

2013년, 1분 만에 사과 8개를 으스러뜨린 기록이 탄생했어요. 엄청난 팔 근육으로 팬을 구부리거나 두꺼운 책을 찢는 등 남다른 공연을 추구하는 '마마 루'라는 아티스트가 세운 기록이지요.

퀘벡에는 겨울마다 새로 지어져, 3개월 동안만 문을 여는 특별한 호텔이 있어요. 이 호텔의 모든 것은 눈과 얼음으로 만들었어요. 하지만 잠은 진짜 침대에서 잔답니다.

캐나다에 처음 등장한 유럽인은 바로 **바이킹**이에요.

하이힐을 유행시킨 왕

태양왕 루이 14세는 프랑스의 황금기를 이끈 왕이에요. 루이 14세는 키가 작아, 키를 커 보이게 하려고 구두 굽을 높여 신곤 했어요. 이것을 귀족 부인들이 너도나도 따라 하여 높은 굽이 유행했지요.

2.54 cm

1인치는 약 2.54센티미터예요. 우리나라와 유럽 등은 길이를 잴 때 미터나 센티미터를 쓰는 미터법을 써요. 미국과 일본은 인치를 주로 사용한답니다.

안경원숭이는 동남아시아에 사는 작은 동물이에요. 주로 밤에 활동하는데, 뇌보다 눈이 커서 어두운 곳에서도 잘 볼 수 있어요.

파리는 겨울 동안 어디에서 살까?

날씨가 쌀쌀해지면 파리들은 죽어요. 다만 죽기 전에 알을 낳고, 봄이 되면 알에서 또 파리가 태어나요.

이거 알아?

핸드폰이나 태블릿에 있는 터치스크린은 우리 몸의 정전기를 이용해서 작동해요. 터치스크린은 전류가 잘 흐르는 유리로 만들어졌는데, 손가락을 스크린에 가져다 대면 센서가 전자의 위치를 감지하여 기계가 작동한답니다.

히히히히! 그만해! 간지러워어어어어어!!

으슬으슬

숨바꼭질하는 구근 식물

수선화, 튤립, 히아신스 등은 둥근 뿌리를 가진 구근(둥글 구, 뿌리 근) 식물이에요. 추운 겨울에는 땅속에 숨어 있다가 날씨가 따뜻해지면 슬그머니 싹을 피워요. 마법처럼 사라졌다가 짠 나타나는 것 같아요.

통가는 세계에서 새해를 가장 빨리 맞이하는 나라예요. 통가가 1월 1일 0시 1분일 때, 우리나라는 12월 31일 오후 8시 1분이랍니다.

외계인의 신호인 줄 알았더니!

호주의 파크스 천문대의 학자들은 20년간 이상한 신호를 수신해 왔어요. 학자들은 이 신호가 은하계 외부에서 온 신호라 믿으며 '페리톤(peryton)'이라 이름 짓고 연구했지요. 하지만 알고 보니 페리톤은 지구에서 발생한 신호로, 전자레인지를 켤 때 나타났다 사라지는 신호였어요. 천문학자들은 지구 신호에 방해받지 않는 곳으로 천문대를 옮겨야겠다고 생각했답니다.

고작 검지 하나를 움직이는 데도 일곱 개의 근육을 사용해야 해요.

허리끈을 졸라매다는 배고픈 것도 참을 정도로 절약한다는 뜻이에요.

뼈 무게?

어른 한 명이 가진 뼈를 모두 모으면 약 4킬로그램이에요.

SWALLOW

제비는 영어로 swallow예요.
두 날개를 L 두 개와 연관해서 떠올리면 스펠링을 외우기 쉬워요.

0.44 km² (제곱킬로미터)

세계에서 가장 작은 나라, 바티칸 의 면적이에요.
바티칸은 이탈리아의 수도인 로마의 한가운데에 있어요.

독일 라이프치히 대학교 생명 과학 연구소에 있는 틸만 트리판 박사와 연구팀은 초파리 우리에 초소형 회전목마를 넣었더니, 초파리들이 특별한 이유 없이 반복적으로 회전목마를 탄다는 연구 결과를 발표했어요.
이 결과로 곤충도 놀이를 즐긴다는 가설을 세우게 되었어요.

물총 쏘는 물총고기

물총고기는 입안에 물을 모은 뒤 멀리까지 쏘아 올릴 수 있어요. 그래서 물 밖에서 날아다니는 곤충을 향해 물을 쏘아 떨어뜨리고는 날름 받아먹지요.

기록

칼을 빼서 싸우려고 하는 사이에 벌써 전쟁이 끝났더라니까!

가장 짧은 전쟁은 1896년 잔지바르와 영국의 전쟁이에요. 불과 40분 만에 끝났어요.

어느 나라 국기일까?

·독일

만우절의 유래?

원래 프랑스는 4월 1일을 새해라 여기며 지켜 왔어요. 그런데 프랑스 왕 샤를 9세가 1564년에 새해를 1월 1일로 바꾸었지요. 하지만 바뀐 새해를 모르거나 인정하지 않는 사람도 있었어요. 1월 1일을 새해로 인정한 사람들이 이들을 비웃었고, 이들에게 4월 1일에 새해 선물을 보낸다거나 있지도 않은 신년 파티에 초대하며 장난을 치던 일이 만우절의 유래랍니다.

날치는 일반 물고기보다 가슴지느러미가 커서, 바다 위를 활강할 수 있어요. 주로 바닷속에서 위협을 느낄 때 날아올라요.

금붕어는 30년까지 살 수 있어요.

110 km/h

이것은 돛새치 가 헤엄칠 수 있는 속도예요.

전기뱀장어가 사냥하는 법!

전기뱀장어는 사냥할 때 먹잇감에 전기 충격을 주어 기절시켜요.

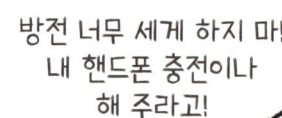

물고기들은 눈을 뜨고 자요.

걸어 다니는 상어?

켁켁! 내가 뭘 본 거지? 상어가 걸어 다녀! 깜짝 놀랐네! 설마…

2013년 인도네시아의 해안에서 신기한 상어가 발견되었어요. 헤미실리움 할마헤라(Hemiscyllium halmahera)라는 상어인데, 배와 지느러미를 움직이며 해저 바닥을 기어다니는 모습이 마치 바닷속을 걷는 것처럼 보여요.

지구 온난화로 물고기가 작아진다?

지구 온난화 때문에 앞으로 50년 안에 물고기의 평균 몸집이 작아질 거라는 연구 결과가 나왔어요. 물고기는 몸집이 클수록 많은 산소가 필요한데, 지구의 온도가 높아지면 물속 온도도 높아지고 그에 따라 물속 산소량도 줄기 때문이지요.

기록
가장 큰 어류는 고래상어예요. 코끼리 두 마리를 나란히 놓은 것만큼 기다란 몸집을 가졌어요.

상어는 이빨이 빠져도 계속 새 이빨이 나와요. 턱 앞쪽에서부터 입속을 향해 줄지어 나 있는데, 사냥하다가 이빨이 부러져도 그 뒤에 있던 이빨이 앞쪽으로 밀려 나오지요.

이빨 빠진 호랑이는 있어도, 나는…

산타클로스의 본체가 있다고?

먼 옛날, 지금의 튀르키예에는 자기 재산을 털어서라도 어려운 사람이나 어린아이를 도와주던 '성 니콜라스' 주교가 있었어요. 네덜란드인들이 성 니콜라스를 발음할 때 '산테 클라스'라고 부르던 것이 지금의 산타클로스랍니다.

"내가 아는 모습이 아닌데…"

매머드의 뼈

매머드는 선사 시대부터 역사 시대 초기까지 살았던 몸집 큰 동물이에요. 코끼리처럼 생겼지요. 미국 플로리다주에서 매머드 뼈가 발견되었는데, 넓적다리뼈가 무려 120센티미터나 되었답니다.

기록

2017년 프랑수아 가바르는 홀로 요트를 타고 세계 일주에 성공하여 세계 신기록을 세웠어요. 42일 16시간 40분 동안 52,000킬로미터가 넘는 거리를 항해했어요.

낙타는 모래와 먼지가 몸에 들어오지 못 하도록, 콧구멍을 자유자재로 여닫아요.

입냄새가 나는 이유는 입안에 있는 세균 때문이에요.

51,000,000

대한민국 의 대략적인 인구수예요.

불을 만드는 마법의 돌

선사 시대 사람들은 부싯돌을 이용해서 불을 피웠어요. 원래는 돌끼리 부딪쳐서 불꽃을 일으켜 나뭇잎이나 나뭇가지에 불을 옮겼어요.

올빼미는 몸을 움직이지 않아도, 머리만 돌려 뒤를 볼 수 있어요. 눈동자를 움직일 수 없으니까, 고개를 돌려 주위를 본답니다.

주인을 선택한 1개

2012년, 중국에서 열린 사이클 대회에서 굶주린 개 한 마리가 자신에게 먹이를 준 선수를 따라 1,700킬로미터를 달려, 함께 결승선에 들어왔어요. 먹이를 준 샤오융 선수는 이 개에게 '샤오싸'라는 이름을 지어 주고는 입양했어요.

163

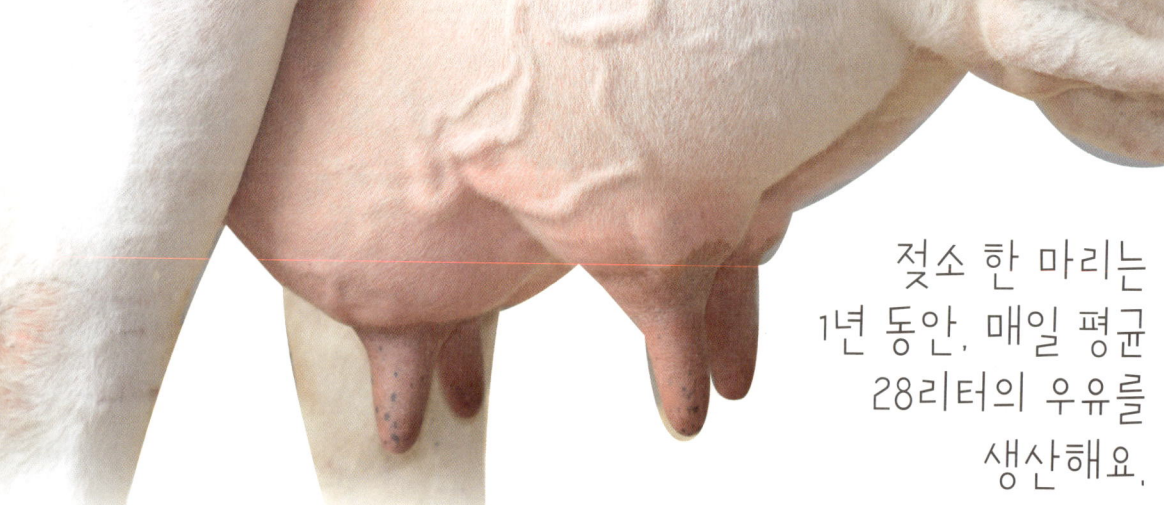

젖소 한 마리는 1년 동안, 매일 평균 28리터의 우유를 생산해요.

어느 나라 국기일까?

벨기에.

체면을 구기다는 말이 무슨 뜻인지 알고 있나요? '체면'은 원래 남에게 떳떳한 얼굴이라는 뜻인데, '체면을 구긴다.'라는 것은 말이나 행동을 잘못해서 부끄럽고 창피할 때 쓰는 말이에요. '망신'이라는 표현도 같은 뜻으로 쓰여요.

혈액 안에는 3~4그램짜리 작은 못 한 개만큼의 철분 이 있어요.

기록

태양계에서 가장 높은 산은 화성에 있는 올림포스산이에요. 이 산은 화산인데, 높이가 약 25,000미터로, 지구에서 가장 높은 에베레스트산보다 세 배 가까이 높아요.

지폐가 종이로 만든 게 아니라고?

지폐는 종이가 아니라, 옷을 만들 수 있는 면으로 만들어요. 그래서 세탁해도 어느 정도 견딜 만큼 튼튼해요.

찢어지진 않았는데, 줄어들었네!

'파인애플 구아바' 라고도 불리는 페이조아 는 파인애플과 구아바의 맛을 가진 남아메리카의 열대 과일이에요. 페이조아는 작고 둥근 모양으로 키위를 닮았지만, 껍질에 털이 없어요.

31

2001년에 열린 오세아니아 월드컵 지역 예선 경기에서, 호주팀이 아메리카 사모아팀을 상대로 득점한 점수 예요. 31:0으로 끝나서, 가장 많은 골을 넣은 국제경기로 세계 기록을 세웠어요.

바닷속으로 침몰한 타이태닉!

1912년 4월 15일, 영국에서 출발한 타이태닉호가 빙산에 부딪혀 대서양에 침몰했어요. 이 이야기를 소재로, 전 세계에서 사랑받은 〈타이타닉〉이라는 영화가 탄생했어요.

책을 수어로 말하려면 기도하는 손을 했다가 두 손을 양옆으로 펴요.

불평쟁이 병사들

나폴레옹 황제에게는 최고의 병사들로 구성된 제1근위대가 있었어요. 나폴레옹은 이들에게 '불평쟁이'라는 별명을 지어 주었어요. 병사들이 항상 불평불만이 많았고, 나폴레옹에게 숨김없이 말했기 때문이에요.

엣취이이이이!

눈을 뜨고 재채기하는 건 정말 어려워요. 실험해 보세요!

맨 처음에 운동화가 만들어진 이유?

1868년 미국에서 만들어진 최초의 운동화는 원래 크리켓 경기를 하려고 제작되었어요. 오늘날에는 어디서든 신을 수 있는 신발이지만요!

기록
칠레 북부에 있는 아타카마 사막에는 400년 동안 비가 한 방울도 내리지 않았어요.

5500도
이것은 태양의 표면 온도 예요.

체크메이트!
체스에서 사용하는 이 표현을, 체스가 시작된 페르시아(지금의 이란 지역)에서는 '샤 매트'라고 말해요. 이 말은 '왕이 죽었다'라는 뜻이에요.

테디베어 는 손으로 만든 봉제 곰 인형을 말해요.

거짓말을 하면, 코의 온도가 변해요. 온도 변화를 기록하는 열화상 카메라가 있다면 거짓말하는지 알 수 있어요.

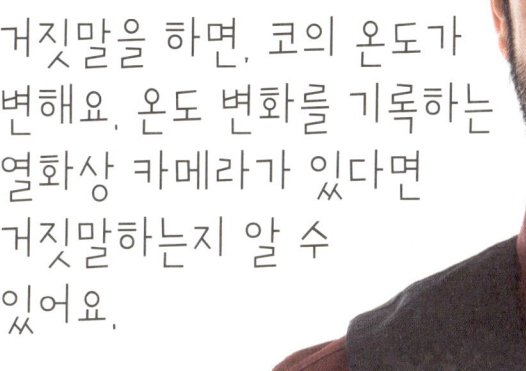

BIEN VU!

3D 영화는 왼쪽과 오른쪽을 각각 다른 렌즈로 찍어서 보여 주기 때문에 그냥 보면 어긋나 보여요. 하지만, 특별한 안경을 쓰면 우리의 뇌는 왼쪽과 오른쪽의 영상을 하나로 합쳐 사물을 입체적으로 볼 수 있어요.

17살

혼자 비행기를 조종해 세계 여행을 한 소년의 나이예요. 맥 러더퍼드는 52개의 나라를 5개월 동안 혼자서 여행했어요.

폭발하는 오이?

스쿼팅 오이는 열매가 익을 시기에 살짝 건드리기만 해도 열매가 터지면서 씨앗을 발사해 최대 12미터까지 흩뿌려요.

천산갑은 몸이 딱딱한 비늘로 덮여 있어요. 솔방울처럼 생긴 이 비늘은 날카로워서 천적의 공격으로부터 몸을 보호할 수 있어요.

1 kilo

한국인 한 명이 하루에 버리는 쓰레기양은 약 1킬로그램 이에요.

기록

세계에서 가장 긴 나라의 이름은 '그레이트브리튼 북아일랜드 연합왕국' 즉, 영국입니다. 영국의 정식 명칭이 'United Kingdom of Great Britain and Northern Ireland'거든요.

동맥과 정맥의 길이를 잰다면?

> 그게 진짜인지 내가 한번 재 볼까요? 이리 와요.

우리 몸에 있는 동맥과 정맥의 길이를 합치면, 무려 96,000킬로미터예요. 이것은 지구의 지름보다 긴 길이예요.

가이우스 율리우스 카이사르

> 왔노라. 보았노라. 이겼노라. 이거 내가 말한 명언이라고.

로마 공화국 말기, 유명한 정치인이자 장군의 이름이에요. 고대 로마 시대에는 사람들의 이름이 '개인 이름, 씨족 이름, 가문 이름' 이렇게 세 부분으로 이루어졌어요. 즉 가이우스는 이름이고, 율리우스는 성, 카이사르는 가문 이름이지요.

> 가만있어도 쥐들이 나오는 구멍을 긁어 대서 다 도망갔네.

긁어 부스럼은 가만히 두면 자연적으로 아물 상처인데 굳이 긁어서 나빠졌다는 의미로, 안 해도 될 일을 해서 일이 커지거나 상황이 더 안 좋아졌을 때 쓰는 말이에요.

권투 선수가 우승하면 메달 대신 이게!

권투 선수가 세계적인 메이저 대회에서 우승하면, 챔피언을 상징하는 황금 벨트를 받아요. 대회마다 검은색, 초록색, 빨간색, 갈색의 벨트로 나뉘어요.

달은 원래 밝을까?

달은 스스로 빛을 낼 수 없어요. 태양 빛을 반사해서 빛을 내는 것처럼 보여요.

유성이 뭘까?

우주에서 떠다니는 암석 조각이나 먼지들은 지구 중력에 이끌려 빠른 속도로 지구의 대기에 들어와요. 하지만 이 조각들은 공기와 부딪치면서 완전히 타 버리는데, 여기서 나오는 빛이 빠르게 떨어져 내리는 것을 별똥별, 또는 유성이라고도 말해요.

해왕성도 돈다고?

해왕성은 태양에서 가장 멀리 떨어진 행성이에요. 지구는 태양 주위를 한 바퀴 도는 데 1년 걸리지만, 해왕성은 태양과 45억 킬로미터나 떨어져 있어서 164.79년이 걸려요.

다른 행성에서 살 수 있을까?

케플러 22b는 지구에서 600광년 이상 떨어진 곳에서 발견된 행성으로, 최초로 발견된 '거주 가능한 행성'이에요. 이 행성은 지구처럼 대기층에 구름도 있고, 표면의 평균 온도가 생명이 살기 적당한 22도 정도일 것으로 추정해요. 게다가 물이 있을 가능성이 높다고 알려졌어요.

가장 큰 행성은?

목성은 태양계에서 가장 큰 행성이에요. 목성의 부피는 지구의 1,300배가 넘지요. 목성의 질량은 태양계의 일곱 행성의 질량을 다 합친 것보다도 무거워요.

월식이 뭐지?

월식은 달이 지구의 그림자 안에 들어와 보이지 않는 걸 말해요.

그림자 / 태양 / 빛 / 지구 / 달

−140°C

화성이 지구보다 훨씬 춥다?

화성은 지구보다도 태양과 멀리 떨어져 있고, 대기층이 없어서 훨씬 추워요. 화성의 표면 온도는 영하 140도까지 내려가기도 해요.

1 000 000

지구의 크기로 태양을 채우려면 필요한 **행성의 수** 예요.

땅과 하늘이 무엇으로 이루어져 있는지 생각해 본 적 있나요?

달

우주 왕복선

600km 이상
95km
50km
9~17km
전투기

0
-70km
-150km
-2900km
-5100km
맨틀

그림을 보세요. 지구의 땅 아래와 하늘 위를 모두 볼 수 있어요.

외기권은 대기권의 마지막 층이에요.

기록

네 발로 달리는 100미터 달리기 최고 기록은 15.66초예요. (2024년 기준) 세계 신기록을 세운 선수는 미국의 콜린 맥클루어예요.

비행기로 문 통과?

1919년 8월 7일, 비행기가 프랑스의 명물인 개선문을 통과했어요. 프랑스 비행사 샤를 고드프루와는 7월에 열리는 퍼레이드 행사에 조종사들이 걸어서 행진하라는 명령을 듣고 불만을 품었어요. 그래서 이 위험한 비행을 몰래 연습해 성공한 거예요. 그의 불법 비행은 1시간 동안 계속되었고 사람들은 환호했어요. 그와 같은 도전을 한 사람은 지금까지 단 1명을 제외하고는 아무도 없었답니다.

붉은 고함 원숭이의 울음소리는 3킬로미터 밖에서도 들릴 만큼 커요. 자기 영역에 들어온 다른 원숭이들에게 물러가라고 보내는 신호라고 해요.

17

웃을 때 사용하는 **근육의 개수** 예요.

물물교환 만으로 돈 벌기?

어른이 되어서도 우유 를 마시는 포유류는 인간뿐이에요.

미국의 데미 스키퍼라는 여성은 물물교환만으로 집을 얻는 데 성공했어요. 처음엔 집에 있던 머리핀 하나를 귀걸이와 바꾸고, 귀걸이는 안경으로 바꾸었어요. 이런 식으로 1년 6개월 동안 28번의 물물교환을 한 끝에, 결국 집을 얻었답니다.

> 로켓 형태를 가진 최초의 무기는, 12세기 중국인들이 화살에 화약통을 붙여 만들었어요.

태양광 고속도로

네덜란드에서 고속도로 바닥에 태양광 금속판을 깔았어요. 낮에 흡수한 태양광으로 전기를 만들어 밤에 불을 밝히지요. 덕분에 에너지를 크게 절약할 수 있어요.

> **허무맹랑하다**
> 황당하고 말도 안 되는 소리를 해서, 전혀 믿을 수 없을 때 쓰는 표현이에요.

도시의 벽들은 왜 검게 변할까?

도시에는 자동차에서 나오는 배기가스가 많아요.
이것들이 벽에 쌓여 점점 검게 변하는 거예요.

벌은 육각형 모양으로 집을 지어요.
육각형은 서로 빈틈없이 닿아 있어서
불순물이 들어오는 것을 막고,
꿀도 빼곡하게 채울 수 있어요.

손톱은 얼마나 빨리 자랄까?

손톱은 1년에 3~4센티미터 자라요.

손톱 좀 깎아!
엄마, 이건 1년 동안 기른 거예요.

인류에게 꼬리가 있었다고?

진화론에 따르면, 수백만 년 전
인류의 조상들에게 꼬리가 있었대요.
그런데 시간이 지나면서 꼬리가
짧아졌고, 결국 사라진 거래요.
척추 아래쪽에 있는 꼬리뼈는
꼬리가 있던 흔적이라고 주장하지요.

cool as a cucumber
직역하면 '오이처럼 시원하다.'
이지만, 침착하다를 뜻하는
영어 표현이에요.

어느 나라 국기일까?

캐나다 국기예요. 국기의 중앙에는 단풍나무 잎이 있어요.

김 서림은 왜 생길까?

공기 중에 있던 수증기가 거울이나 유리창 같은 차가운 표면에 닿으면서 아주 작은 물방울 막으로 바뀌기 때문이에요. 수증기는 열을 빼앗기면 액체가 되니까요.

'호주의 벨로키랍토르'라는 별명을 가진 화식조는 세계에서 가장 위험한 새로 알려져 있어요. 덩치가 크기도 하고, 12센티미터나 되는 날카로운 발톱이 있어서 공격당하면 크게 다쳐요.

177

어느 나라 국기일까?

녹두라는 콩이 있어요. 그린란드 사람들이요. 그린란드 사람들은 물을 많이 마시며 살아가요. 자연적으로 생기는 물을 많이 마셔요.

물거미는 거미 중에서 유일하게 물속에서 살아요. 배 쪽에 있는 공기주머니를 이용해서 물속에 공기 방울로 된 집을 만들고, 그 안에서 먹이를 먹어요.

덩크슛이 뭐지?

농구 선수가 골대에 매달리듯 높이 뛰어올라 공을 그대로 내리꽂는 것을 말해요.

파리의 개선문은 1836년 7월 29일에 완공되었어요. 1806년에 나폴레옹의 승리를 기념하려고 공사를 시작했는데, 나폴레옹이 물러나면서 중단했다가 다시 지은 거예요.

기록

최초의 비디오 게임은 1952년 영국에서 만들어졌어요. 컴퓨터로 하는 오목 게임이었어요.

우리나라에서 처음으로 신호등이 설치된 것은 1934년 9월 8일이에요. 서울 남대문 앞에 세워진 이 신호등은 '모던 전기 교통 정리기'라고 불렸는데, 우리나라에서는 1979년 전까지 노란색 불이 좌회전 신호였어요.

지금은 핸드폰으로 영상 통화까지 할 수 있지만, 1950년대까지만 해도 편지는 육지에서 떨어진 섬마을 사람들에게 중요한 소식 전달책이었어요. 당시 편지를 싣고 섬 곳곳을 돌며 배달하던 배가 '우편선'이랍니다.

십자말풀이

십자가 모양으로 배치된 빈칸에 단어 퀴즈의 답을 적어 넣는 게임이에요. 어휘력을 키우기에 좋아요.

30.54미터

이것은 세계에서 가장 긴 자동차의 길이예요. 75명까지 태울 수 있는 이 차에는 미니 수영장과 욕조, 미니 골프 코스, 그리고 헬기장까지 있어요.

가장 먼 거리를 이동하는 새는?

북극제비갈매기예요. 매년 두 번의 여름을 나려고, 북극과 남극을 오가며 살아요. 그래서 1년 동안 70,000킬로미터 넘게 여행하기도 해요.

우리 조상들은 정월대보름(음력 1월 15일)이 되면 그해의 액운을 멀리 날려 보내겠다는 마음으로 연을 띄우곤 했는데, 그 연을 **액막이 연**이라고 해요.

우산을 고래 뼈로 만들었다고?

파라솔이 처음 생겼을 때, 우산살은 고래의 뼈로 만들었어요.

세계 최대 열대 우림은?

아마존은 세계에서 가장 큰 열대 우림이에요. 무려 9개 나라에 걸쳐 있어요.

하늘을 날 듯 기분이 좋아를 뜻하는 영어 표현은
I am over the moon. 또는
(직역: 나는 달 너머에 있다.)
I am on cloud nine. 이에요.
(직역: 나는 아홉 번째 구름 위에 있다.)

식충 식물은 무엇을 먹을까?

이름처럼 주로 곤충을 먹지만, 개구리, 생쥐, 도마뱀 같은 작은 동물을 먹는 식충식물도 있어요.

아직 고래는 못 먹어 봤어!

풍력 발전기는 무슨 일을 할까?

풍차처럼 생긴 커다란 프로펠러로 바람의 힘을 모아 전기를 만들어요.

튤립이라는 꽃 이름은 어떻게 지어졌나요? 튤립은 튀르키예 말로 터번(머리에 두르는 수건)을 뜻하는 '튈벤트(tülbent)'에서 왔어요. 튤립이 핀 모양이 터번을 두른 것 같아서 붙여진 이름이에요.

세계에서 지하철을 가장 많이 이용하는 나라?

세계에서 지하철을 가장 많이 이용하는 곳은, 도쿄, 모스크바, 서울이에요.

가시복은 위험을 느끼면 공기를 힘껏

혹시 여기 분실된 카메라 하나 있나요?

우주 분실물 센터

우주에서 잃어버린 카메라

2007년 미국 우주 비행사 수니타 윌리엄스는 우주에서 카메라를 잃어버렸어요. 아마 그 카메라는 지금도 까마득한 우주에서 떠다니고 있겠지요?

기록

세계에서 가장 깊은 다이빙 수영장을 가진 곳은 두바이의 딥다이브 수영장으로, 깊이가 무려 60미터예요. 멋진 다이빙을 할 수 있겠죠?

스웨덴어로 **딸꾹질**이라는 단어를 쓰려면 알파벳이 무려 45개나 필요해요.
HYPERNEUROAKUSTISKADIAFRAGMAKONTRAVIBRATIONER

들이마셔 몸을 부풀리고, 가시를 세아 맞서요.

악어 똥으로 화장품을 만든다고?

고대에는 악어 배설물을 포함해서 온갖 기괴한 재료로 화장품을 만들었어요.

또 주세요!

우리 몸의 약 70%는 물로 이루어져 있어요.

4

우리가 해변에서 바라보는 **수평선**까지의 거리를 킬로미터로 나타낸 거예요.

주차장에서 발견된 왕?

2012년 12월 12일, 영국의 한 주차장에서 유골이 발견되었어요. 조사 결과, 그것은 1485년에 사망한 리처드 3세 왕의 유골이었어요. 리처드 3세는 원래 교회에 묻혔는데, 교회가 사라지고 그 자리에 주차장이 생긴 바람에 주차장에서 발견된 거예요.

바실리스크 도마뱀은 물 위를 뛰어다녀요. 1초에 20번 정도 발길질하며 물을 걷어차는데, 발 주변에 생긴 공기주머니가 사라지기 전에 또 다른 발을 내디뎌서 물 위를 달릴 수 있는 거예요.

겨드랑이 냄새는 왜 날까?

맛있게 먹어!

고마워!

겨드랑이에서 땀이 나면 축축한 것을 좋아하는 박테리아가 살기 좋은 환경이 돼요. 박테리아가 땀에 있는 성분을 먹으면서 강한 냄새를 뿜는 바람에 냄새가 나는 거예요.

190

이것은 우리나라 초등학교의 **1년 수업일** 수예요.

어느 나라 국기일까?

코트디부아르예요.

문어는 발로 바닥을 박차고 몸을 띄운 다음, 물을 빨아들였다가 뿜어내며 이동해요. 뼈가 없는 문어 는 촉수를 사용해서 자유롭게 방향을 바꿀 수 있어요.

기록

세계에서 가장 따뜻한 바다는 홍해예요. 아프리카 대륙과 아시아 대륙 사이에 있는 홍해의 평균 온도는 섭씨 22도이고, 여름에는 섭씨 34도까지 올라가요.

준비하고 던져!

프랑스의 전통 놀이 '페탕크'는 쇠로 만든 공을 던져 상대보다 먼저 경기장에 있는 작은 공 가까이 가거나, 상대의 공을 쳐 내어 점수를 내요.

나는 오늘을 153년이나 기다렸어요.

왜 남자만 투표해?

프랑스가 첫 선거를 치른 것은 1791년이었는데, 당시에는 25세 이상의 남성만 투표할 수 있었어요. 여성도 투표할 수 있게 된 것은 1944년부터랍니다.

남태평양 타히티섬의 원주민들은 오래전부터 '타타우'라는 방식으로 몸을 꾸몄어요. 18세기 영국의 선원이 타히티섬에 갔다가 타투 라 불리며 유럽으로 퍼졌지요.

자유의 여신상보다 높은 워터 슬라이드라고?

미국의 한 놀이공원에는 엄청난 높이의 워터 슬라이드가 있어요. 높이가 무려 51미터로, 자유의 여신상보다 5미터 더 높아요.

100

역사상 가장 심했던 교통 체증이 이어진 거리를 킬로미터로 나타낸 거예요. 2010년 중국에서 생긴 기록으로, 자동차 수천 대가 12일 동안 막혀 있었어요.

대관령은 우리나라 태백산맥에 있는 큰 고개예요. 예로부터 고개가 험해서 오르내릴 때 '대굴대굴 크게 구르는 고개'라는 뜻의 '대굴령'에서 이름이 생겼어요.

talk turkey

굳이 직역하면 '칠면조를 말하다.'지만, 솔직하게 말하다를 뜻하는 영어 표현이에요.

이는 어떻게 옮을까?

이는 머리카락에 붙어 살면서, 두피의 피를 빨아 먹고 사는 벌레예요. 날개가 없어서 머리카락이나 모자, 빗, 베개를 통해 다른 사람의 머리로 옮겨 가요.

럭비에서 선수가 골라인 뒤쪽 땅에다 공을 닿게 하면 트라이라고 불러요. 1 트라이에 성공하면 5점을 얻을 수 있어요.

우리가 아는 사인가?

?

사자와 호랑이가 야생에서 만날 수 있을까?

아니요, 사자는 주로 아프리카에 살고, 호랑이는 주로 아시아에 살기 때문에, 마주칠 수가 없어요.

장대높이뛰기의 봉은 무엇으로 만들어졌을까?

옛날에는 대나무 같은 자연물을 썼는데, 최근에는 유리 섬유나 탄소 섬유 같은 특수 소재로 만들어요. 이 특수 소재들은 부드럽지만 강한 성질이 있어서, 장대높이뛰기 선수가 뛰어오를 때 봉을 잘 휘게 해요.

덱체어는 천을 씌운 나무 의자로, 쉽게 접을 수 있는 의자예요. 원래는 대형 여객선에서 승객들이 편안히 쉬게 하려고 만든 의자였어요. 배의 갑판(deck)에서 사용했기 때문에, 그 이름이 남아 있어요.

초콜릿은 개와 고양이에게 독만큼이나 위험해요.

누워서 책 읽을 수 있는 바다가 있다고?

사해는 일반 바다보다 염분이 4배 이상 많아 물이 무거워요. 심지어 사람이 물보다 가벼워서 그냥 누워도 둥둥 뜰 수 있어요.

수줍음을 타는 식물?

살짝 건드리기만 해도 잎이 닫히는 신기한 식물이 있어요. 미모사 푸디카라는 식물이에요. 만지는 것 말고도 바람, 빛, 온도에 따라 스스로 잎을 접었다가 다시 펼친답니다.

그러면 나는 어떻게 결제해?

카드가 없어도 결제할 수 있다?

카드나 지폐 없이 우리 몸의 일부로 결제하는 방법이 점점 다양해지고 있어요. 지문, 얼굴, 홍채(눈동자), 정맥, 눈물, 목소리와 같은 것을 이용하는 거예요. 사람마다 고유한 특징이 있기에 가능하지요.

기록

풍납토성은 우리나라에서 가장 오래된 도시의 흔적이에요. 백제를 세운 온조왕이 한강에 터를 잡기 위해 만든 도성으로, 한성백제 시대(기원전 18년~기원후 475년)를 증명하는 유적이에요.

베 짜기 개미는 애벌레 입에서 나오는 명주실로 나뭇잎 사이를 오가며 나무 위에 둥지를 만들어요. 모두 힘을 합쳐 만든 집이지요.

수군수군(O) 수근수근(X)
소곤소곤(O) 소근소근(X)

수군수군과 소곤소곤은 작은 목소리로 이야기하는 소리나 모양을 일컫는 말이에요.

환경을 생각하는 요리사

브라질 요리사인 레지나 첼리는 매년 버려지는 엄청난 양의 음식이 너무 끔찍했어요. 그래서 사람들에게 줄기, 잎, 씨앗, 껍질을 이용한 요리를 가르쳐요. 멜론 껍질을 곁들인 마카로니, 바나나 껍질로 만든 파이 등이에요.

껍질을 버리지 말아요.

4일

지구에서 달까지 우주선 을 타고 갔을 때 걸리는 시간이에요. 자동차나 비행기라면 더 오래 걸리겠죠?

쌍봉낙타
단봉낙타

혹 개수에 따라 이름이 다르다고?

단봉낙타는 혹이 하나, 쌍봉낙타는 혹이 두 개예요. 낙타는 대부분 단봉낙타인데, 주로 아프리카에 많이 살아요. 중앙아시아에 사는 쌍봉낙타는 추운 지역에 살기 때문에 단봉낙타보다 털이 길어요.

1306

이것은 2021년 호주의 광산 지하 60미터에서 발견된 지네의 다리 수예요. 과학자들은 다리가 천 개도 넘는 이 지네의 이름을 '유밀리페스페르세포네'라고 지었어요.

바퀴벌레는 머리가 없어도 몇 주 동안 살아남을 수 있어요. 바퀴벌레는 온몸에 있는 구멍으로 숨을 쉴 수 있기 때문이에요.

혀는 17개의 근육이 있어서 모든 방향으로 자유롭게 움직일 수 있어요.

우측통행? 좌측통행?

중국에서는 자동차가 우리나라처럼 도로의 오른쪽으로 다녀요. 이것을 우측통행이라고 해요. 하지만 홍콩과 마카오에서는 자동차가 도로의 왼쪽으로 다녀요. 이것을 좌측통행이라고 해요.

술에 취한 사슴들?!

2013년 8월, 스웨덴 경찰서에 황당한 신고가 들어왔어요. 초등학교에서 사슴들이 난동을 부린다는 내용이었어요. 더 황당한 건 학교 정원의 사과나무에서 떨어진 사과를 먹고 사슴들이 취해 있었다는 사실이었어요. 땅에 떨어진 사과에서 나온 즙이 알코올로 변해 있었던 거예요!

꾀죄죄하다는 말은 옷차림이나 모양새가 지저분하고 궁상스럽다는 뜻이에요.

기록

스코틀랜드가 원산지인 하일랜드 소는 털이 최대 35센티미터까지 자라요. 길고 거친 털은 추위를 막는 역할을 한답니다.

치열이 뭐지?

치아가 나면서 그려지는 전체 테두리를 치열이라고 해요. 이가 난다는 것은 치아가 뿌리부터 올라와 자리를 잡고 자라는 것을 말해요.

106

이것은 컴퓨터에서 쓰이는 키보드 자판 수예요.

가깝지만 다른 나라!

아시아와 아메리카 사이의 베링 해협에는 두 개의 디오메데 섬이 있어요. 빅 디오메데(Big Diomede)에는 러시아인이, 리틀 디오메데(Little Diomede)에는 미국인이 살아요. 두 섬의 거리는 불과 4.8킬로미터 정도라 이웃이지만, 나라가 달라요.

아기가 엄마 배에 머무는 시간?

사람의 경우, 아기는 엄마 배에서 9개월 동안 자라요. 그런데 주름상어는 무려 42개월 동안 새끼를 배에 품어요! 척추동물 중에서 가장 긴 임신 기간이에요.

원래 당구를 땅에서 했다고?

맨 처음 당구 경기는 땅에 공을 놓고 했지만, 허리를 구부리지 않으려고 15세기부터 테이블에서 게임을 하기 시작했어요.

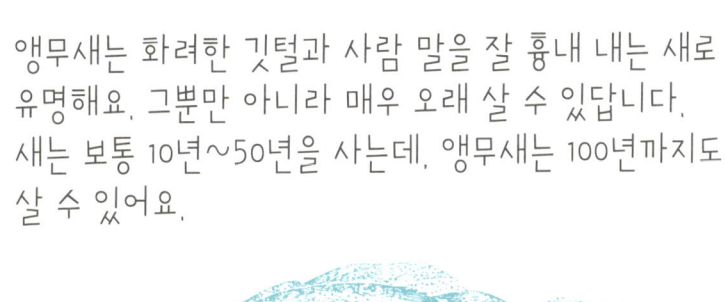

앵무새는 화려한 깃털과 사람 말을 잘 흉내 내는 새로 유명해요. 그뿐만 아니라 매우 오래 살 수 있답니다. 새는 보통 10년~50년을 사는데, 앵무새는 100년까지도 살 수 있어요.

몸에 착 붙은 낙하산

날도마뱀은 아시아의 열대 우림에 많이 사는데, 몸에 막이 있어서 활공할 수 있어요.

기록

얀 반 에이크 형제가 12년 동안 그린 〈신비한 어린 양의 경배〉는 일곱 번이나 도둑맞았어요. 18개로 이루어진 이 그림은 아직도 잃어버린 그림의 일부를 찾고 있어요.

현미경으로 다 보이죠!

현미경은 관찰하고 싶은 물질을 5백만 배까지 확대해서 보여 줘요. 아주 작은 것도 볼 수 있지요.

우리 배 속에서 여러 가지 소리가 나는 이유는 다양해요. 음식물과 함께 들어온 공기 때문에 소리가 나기도 하고, 소화할 때 생기는 가스 때문에 소리가 나기도 해요. 이 소리를 복명 이라고 하는데, 복명이 배고플 때 잘 들리는 이유는 빈 배 속에서 소리가 울리기 때문이에요.

꾸륵꾸륵
꼬륵
꼬륵
꼬르륵
뿌룩

큰개미핥기는 개미집 구멍에 주둥이를 집어넣고 끈적이는 침으로 가득한 혀를 길게 내밀어요. 혀는 최대 60센티미터까지 늘어나 많은 개미를 먹어 치워요.

마리오는 언제 태어났을까?

1981년, 일본의 비디오 게임 디자이너인 미야모토 시게루는 빨간 모자와 콧수염을 가진 게임 속 캐릭터를 만들었어요. 이것은 원래 점프맨으로 불리다가, 나중에 마리오라는 이름이 생겼어요.

기분이 우울하다의 영어 표현은 I feel blue예요.

19, 21 한글은 자음 19개와 모음 21개로 수많은 단어를 만들 수 있어요.

꽃으로 만든 차 한잔

꽃차는 은은한 향기가 나는 중국의 전통 차예요. 어린 찻잎과 꽃을 엮어 말린 것을 찻잔에 넣고 뜨거운 물을 부으면 꽃이 피어나요.

엄지척이 욕?!

우리나라에서 엄지손가락을 세우는 것은 '훌륭하다'라는 뜻이지만, 이란에서는 엄청난 욕으로 쓰여요.

기록

독일의 함부르크에서는 끊임없이 다리를 건설하고 철거해요. 공사 중인 다리가 약 2,300~2,500개 정도예요. 베네치아, 암스테르담, 런던의 경우를 모두 합친 것보다 많아요.

공을 굴리면 글씨가 쓰인다고?

볼펜에는 잉크가 든 볼펜 심이 있는데, 심 끝에 작은 공 모양의 쇠가 있어요. 볼펜을 종이에 대고 힘을 주면, 심 안에 있는 잉크가 쇠공에 묻어 나오면서 글씨가 쓰이는 거예요.

일본은 해가 뜨는 나라라고 불러요. 일본이 해의 근원이라는 뜻을 담은 국명이래요.

최초의 게임용 컴퓨터

님로드(Nimrod) 컴퓨터는, 1951년에 전시회에 참가한 최초의 게임용 컴퓨터예요. 원래는 컴퓨터의 디자인과 기술을 보여 주려고 만들어졌지만, 사람들은 '님(Nim)'이라는 게임하는 걸 즐겼어요.

스컹크가 내뿜는 가스는 너무 고약해서, 1킬로미터 떨어진 곳에서도 냄새를 맡을 수 있어요.

페인트칠할 때 꼭 필요한 것?

1920년대에는 한 자동차에 두 가지 색을 입혔어요. 그런데 다른 색끼리 만나는 경계를 깔끔하게 칠하기란 너무 어려웠죠. 그러다가 1925년, 미국인 리처드 드루는 첫 번째 색을 칠하고 나서 경계에 테이프를 붙여 두 번째 색을 칠하는 방법을 생각해 냈답니다.

피는 왜 빨간색일까?

적혈구에 있는 헤모글로빈 때문이에요.
적혈구는 근육에 산소를 전달하고 이산화탄소를 없애는 작은 주머니인데, 헤모글로빈으로 차 있어요.
이 헤모글로빈에 있는 철분이 붉은색이라 피가 빨간 거예요.
산소와 이산화탄소는 철분에 달라붙어 이동할 수 있지요.

a can of worms
직역하면 '지렁이로 가득한 캔'이지만 예상치 못 한 복잡한 문제를 뜻하는 영어 표현이에요.

12
달에서 걸어 다닌 사람의 수예요.

트림은 왜 날까?

트림은 위에 있는 기체가 입으로 나오면서 나는 소리예요. 음식을 너무 빨리 먹거나 탄산음료를 마시면, 몸속으로 같이 들어간 공기가 올라오면서 트림하는 거예요. 소화가 잘 안될 때, 트림하면 가스를 없애는 데 도움이 돼요.

승마 경기 중 마장 마술은 경기장(마장)에서 선수가 말을 타고 정해진 코스를 달리며 얼마나 정확하게 동작을 하는지 심판이 평가하는 경기예요. 마장 마술에서 가장 중요한 것은 선수와 말의 협동이에요.

기록
세계에서 가장 높은 폭포는 베네수엘라에 있는 앙헬폭포예요. 높이가 약 979미터예요.

연날리기 해 본 적 있나요? 기원전 1000년경 중국에서는 연을 군사적인 목적으로 썼어요. 중국인들은 연의 색깔, 채색 방식, 비행 방식에 따라 암호를 만들어서 작전을 전달했어요. 심지어 연에다가 대나무 피리를 붙여 적이 있는 하늘로 보냈는데, 연에서 나는 괴이한 소리로 적들이 공포를 느꼈답니다.

경례는 언제부터 했을까?

경례는 중세 시대 기사들이 결투를 시작하기 전에 하던 관습에서 시작되었어요. 기사들은 오른손으로 투구를 들어 올려 서로 얼굴을 보여 주고 눈을 바라보았어요. 그 이후, 군대에서 손을 들어 경례하는 것으로 변해 왔지요.

16,000

매초 전 세계에 배포되는 비닐봉지 의 수로, 매년 약 5,000억 개예요.

슈퍼 거북

거북이는 느리다고 알려졌지만, 장수거북은 바다거북 중 가장 커서 몸길이가 최대 3미터까지 자라고, 시속 35킬로미터로 빨리 헤엄칠 수 있어요. 게다가 1,300미터까지 잠수할 수 있는 대단한 동물이지요.

기록

대서양에 있는 영국의 화산섬, 트리스탄 다 쿠냐는 세계에서 가장 고립된 땅이에요. 약 276명의 주민이 사는 이곳에서 가장 가까운 마을은 세인트헬레나섬인데, 무려 약 2,500킬로미터나 떨어져 있어요.

물속에서 하키를 한다고?

옥토푸시는 수영장 물속에서 하는 하키 경기예요. 6명의 선수가 한 팀이 되어, 작은 스틱을 들고 수영장 바닥에서 퍽(하키 공)을 골대에 넣어야 해요. 더 많이 골인하는 팀이 승리해요.

지휘자는 지휘봉을 움직이면서 속도와 리듬을 조절하고 연주자가 연주하거나 멈추는 부분을 알려 줘요. 손으로 지휘하는 것을 더 좋아하는 지휘자들도 있어요.

훗, 벽을 등진다는 거, 그거 어렵지 않아.

코너에 몰린다는 난처한 상황을 벗어나기 어려운 상태를 말해요.

어느 나라 국기일까?

네덜란드 국기이에요. 빨강, 하양, 파랑이 순서대로 있는 삼색기예요. 오랜 자유 나라예요.

꿈은 왜 꿀까?

잠을 자는 동안 우리 몸은 쉬지만, 뇌는 여전히
일하고 있어요. 낮에 경험한 것들을 검토하고,
분류하고, 정리하지요. 뇌는 생활 속에서
겪은 많은 일을 뒤죽박죽 섞어서
꿈을 만들어요.

가끔은 무서운 꿈을 꾸기도 해요.
버려지거나, 놀림당하거나, 큰 사고가 나거나
영화에 나온 무서운 영상을 보았을 때 마음이 무섭고
두렵잖아요? 이런 마음을 끄집어내서 꿈으로
보여 주는 것이 바로 악몽이에요.

악몽을 꾸는 이유는 뭘까요?
정확하게 알 수는 없지만, 분명한 건 악몽은 인상 깊어서 우리가 그 악몽에 대해 곰곰이 생각하게 된다는 거예요.
내가 무엇을 두려워하고 무엇을 걱정하는지 말이에요. 이것은 우리가 현실에서 두려움에 더 잘 대처할 수 있도록 도와줄 수도 있어요.

프랑스의 만화 '아스테릭스'는 1961년에 처음 등장한 이후, 38권의 책이 111개의 언어로 만들어졌어요.

죽마고우가 무슨 말?

대나무를 타고 놀던 옛날 친구라는 뜻으로, 어릴 때부터 같이 놀며 자란 친구를 말할 때 쓰는 말이에요. 그 외에도 우리나라에는 친한 친구를 표현하는 사자성어가 있어요.

- 관포지교 : 매우 다정하고 허물없는 친구 사이
- 막역지우 : 매우 친밀하고 신뢰할 수 있는 친구
- 금란지교 : 서로 마음이 맞고 어떠한 어려움도 함께하는 깊은 우정

검도는 몸을 보호하는 옷과 호구를 착용한 채, 죽도로 상대방의 머리, 손목, 허리를 정확하게 치거나 찌르는 경기예요.

자동차 타이어의 재료로 쓰이는 고무는 다양한 모양으로 변형할 수 있지만, 너무 부드러워 쉽게 닳는 성질이 있어요. 이에 타이어 회사에서는 단단하고 탄성 높은 타이어를 만들려고, 타이어를 만들 때 '카본블랙'이라는 검은색 탄소 가루를 넣어요. 그러다 보니 자동차의 타이어는 모두 검은색이 된 거예요.

기록

자메이카의 육상 선수 우사인 볼트는 세계에서 가장 빠른 사람이에요. 2009년 베를린 대회에서 100미터를 9초 58에 달리는 기록을 세웠거든요.

축하합니다! 7번째 예술이 된 걸!

제7의 예술이 뭐지?

영화예요. 연극, 회화, 무용, 건축, 문학, 음악에 이어 영화도 1911년 이후에 예술로 인정받았어요.

뉴욕은 여러 번 이름이 바뀐 도시예요. 1524년 프랑스가 발견했을 때 '누벨앙굴렘'으로 불리다가, 1625년 네덜란드가 점령했을 때 '뉴암스테르담'이 되었고, 1664년 잉글랜드가 점령한 후부터 '뉴욕'으로 이름이 바뀌었어요.

해발 7,000미터를 정복한 9살짜리 소년!

2004년에 태어난 미국인 타일러 암스트롱은 불과 9살의 나이로 아르헨티나의 아콩카과를 등반한 최연소 등반가예요. 아콩카과는 해발 7,000미터에 달하는데, 제주도 한라산의 3배 더 높은 산이에요.

재규어, 치타, 표범을 구별하는 방법은 몸에 있는 점무늬를 살피면 돼요!

세계 웃음의 날?!

5월 첫째 주 일요일은 세계 웃음의 날이에요. 인도의 한 의사가 동료들과 함께 웃음의 놀라운 효과를 알리려고 시작한 것이, 이제는 전 세계 사람들이 함께 웃는 축제가 되었어요. 여러분도 웃어 봐요! 웃으면 복이 와요!

435

이탈리아 베네치아 에 있는 다리의 수예요.

하! 하! 넌 안 웃겨?

아직이야, 시간이 아직...

기록

세계에서 가장 오래된 도시는 요르단 서부의 여리고예요. 이곳에는 기원전 7천 년부터 계속해서 사람들이 살고 있다고 해요.

소금으로 이루어진 사막?

남아메리카 대륙에는 소금으로 이루어진 사막이 있어요. 바로 볼리비아에 있는 우유니 사막이에요. 이곳은 원래 바다였어요. 그런데 지각 변동으로 땅이 솟아올라 바닷물이 증발했고, 소금만 남아 소금 사막이 된 거예요. 비가 내리면 고인 빗물에 하늘이 비쳐서 '세상에서 가장 큰 거울'이라고도 불러요.

타조의 눈은 뇌보다 크고, 시력은 독수리보다 좋아요.

민들레로 타이어를 만든다고?

독일의 한 회사가 민들레로 타이어를 만들 예정이에요. 고무나무보다 성장이 빠른 '러시아 민들레'에서는 타이어를 만들 만큼 충분한 양질의 고무를 얻을 수 있다고 해요.

프랑스 왕 이름에는 왜 루이가 많이 들어갈까?

중세에는 문자 V를 U로 썼어요. 프랑스의 첫 번째 왕 클로비스(Clovis)를 클루이스(Clouis)라고 썼죠. 그러다가 클루이스(Clouis)에서 C를 빼고 루이스라고 불렀어요. 프랑스의 많은 왕을 '루이'라고 이름 지은 건, 초대 왕 클로비스를 존경하는 의미라고 해요.

이번에도 어울리는 이름을 지어 줘야 하는데…

루이 어때요?

기록

지금도 발행하는 가장 오래된 신문은 스웨덴의 PoIT 신문이에요. 1645년에 발행된 스웨덴 최초의 신문으로, 2007년부터는 온라인으로만 발행되고 있어요.

74

캄보디아의 언어인 캄보디아어를 구성하는 글자의 수예요. 세계에서 가장 많은 알파벳을 가졌어요.

코뿔새는 윗부리 위쪽에 뿔 모양의 속이 텅 빈 투구가 있어요. 이 투구에는 가운데 틈이 있어서 울음소리가 더 크게 퍼져 나가요.

까만 점은 왜 생기지?

요기 보이는 내 점 맘에 들어?

이런! 멜라닌 세포구나!

사람의 피부는 갈색 멜라닌 세포를 만들어 햇볕을 방어해요. 이 세포는 원래 몸 전체에 고르게 퍼져 있는데, 피부가 강한 자극을 받으면 멜라닌 세포가 너무 많이 생겨서 우리 눈에 까만 점으로 보이기도 해요.

설소대가 뭐지?

설소대는 혀 밑에서 혀와 입안을 연결하는 부분으로, 세로로 긴 끈 모양이에요. 설소대가 혀를 잡아 주는 덕분에, 혀가 숨을 막거나, 입 밖으로 길게 안 나오지요. 또한 음식물을 식도로 넘기는 것을 돕거나, 먹지 말아야 할 것이 입안으로 넘어가지 않도록 막아 줘요.

우리말 '하얗다', '빨갛다' 앞에 새-를 붙이면 '매우'라는 뜻이 더해서 '매우 하얗다', 또는 '매우 빨갛다' 등의 의미를 나타내요.

have other fish to fry

직역하면 '튀겨야 할 생선이 있다.'지만, 다른 중요한 할 일이 있다는 영어 표현이에요.

기록
호주의 크기는 한반도의 약 35배예요.

트위터의 로고인 파랑새 는 새가 지저귀는 것을 뜻하는 트윗(tweet)에서 유래한, 트위터와 어울리는 디자인이에요. 2012년부터 2023년까지 '래리'라는 이름의 로고로 자리 잡았는데, 지금은 알파벳 X 모양의 로고로 바뀌었어요.

아바타 로봇?

일본에서는 학교에 가지 않는 학생들이 '아바타 로봇'을 이용하여 수업에 참여하는 방안을 추진 중이라고 해요. 기존의 온라인 수업은 카메라가 고정되어 있어 모든 것이 수동적이었어요. 하지만 아바타 로봇은 스스로 움직일 수 있기 때문에 마음대로 교실을 이동하거나, 친구에게 다가가 대화할 수도 있답니다.

14

이것은 양 한 마리에서 얻은 8킬로그램의 털실 로 뜰 수 있는 스웨터의 수예요.

갈매기를 조심해!

갈매기는 항구에 버려지는 물고기들을 먹어 치워서 '바다의 청소부'라고 불려요. 바다뿐 아니라 도시에서도 잘 적응하는데, 사람들이 버린 음식물을 모두 먹어서예요. 하지만 거침없이 먹이를 훔치기도 하니까, 주변에 갈매기가 있을 땐 조심하세요!

정수리는 머리에서 가장 윗부분을 의미하지만, 다른 것들의 제일 꼭대기 부분을 말할 때도 쓰여요.

우주 관광할 땐 달에 예약하세요!

프랑스의 한 회사가 우주 주택을 개발하고 있어요. 미래의 우주 관광객들을 위해, 달에 숙소를 만드는 것이 목표라고 해요. 우리가 여행지에서 숙소를 빌려 쉬듯, 우주 관광객들 또한 달에 있는 주택을 빌려 쓰는 거예요.

기린은 포유류 중 유일하게 하품을 하지 않아요.

주먹을 쥔 상태에서 엄지만 들어 올리는 것은 많은 나라에서 '최고'를 뜻하는 행동으로 여겨요.

돌 던지기 대회?

세계 곳곳에서는 아직도 매년 돌 던지기 대회를 열어요. 프랑스의 작은 마을 게를레스캥에서도 매년 세계 돌 던지기 챔피언십이 열려요.

베스트 프렌드 데이?

'베스트 프렌드 데이'를 알아요? 매년 6월 8일 미국에서는 친한 친구들끼리 서로를 아끼고 사랑하는 마음을 전하는 행사를 해요. 우정을 담은 편지를 주고받으며, 친구와 더 사이좋게 지낼 수 있어요.

그린란드 수열을 아주 잘해요.

> 오늘 6월 8일이네! 우리 제니네 놀러 가자!

> 뭐? 나한테는 할 말 없어? 우리 사이는 이제 끝이야!

빛나는 아이디어

핀란드 라플란드에서 밤중에 수많은 순록이 자동차에 치여 죽는 사고가 발생했어요. 그러자 한 단체가 순록의 뿔과 가죽에 빛 반사 페인트를 칠하자는 아이디어를 냈어요. 어둠 속에서도 순록이 눈에 잘 띌 수 있게 말이에요.

> 수수께끼! '신이 화가 났다.'를 세 글자로 줄이면?

> 너 신발 끈 풀렸는데?

> 아우, 오늘 몇 번째야?

> 발끈 화가 나네.

> 산타할아버지! 안전을 위해서 뿔에 페인트칠해 주셔야죠.

> 음… 6개월 후에 해 줄게. 난 지금 휴가 중이거든.

박쥐가 반갑다니!

드라큘라, 오늘 저녁에 사냥하러 안 갈래?

저렇게 하늘이 붐벼서야 어디…

2014년, 유럽에서 수십 년 동안 줄어들었던 박쥐가 다시 늘어났다는 기사가 났을 때 사람들은 오히려 기뻐했어요. 박쥐는 농작물을 망치는 해충을 잡아먹기 때문이에요.

기록
종이비행기로 가장 멀리 날아간 거리는 88.318미터예요.

135 Kg(킬로그램)
코끼리 한 마리가 매일 누는 대략적인 똥의 양이에요.

남성과 여성이 다른 꿈을 꾼다?

캐나다 대학 연구팀이 남성과 여성이 꾸는 악몽의 종류가 다르다고 발표했어요. 남성은 주로 재난과 관련된 꿈을 꾸는데, 여성은 말다툼하는 꿈을 많이 꾼다고 해요.

고대 이집트 시대의 사람들도 이미 화장품 을 만들어 썼어요. 이 화장품을, 몸뿐만 아니라 머리카락에도 사용했어요.

무족도마뱀은 뱀처럼 생겼지만,
다리 없이 몸통으로 다니는 도마뱀이에요.
주로 농작물을 먹는 해충을 먹어서
사람에게 이로운
동물이에요.

캔 하나가 분해되는 시간?

알루미늄 캔 하나가 자연 분해되려면
100년에서 500년이 걸려요!

아니, 이건! 분명 내가 다섯 살 때 마당에다 버린 건데…

쯧쯧, 창피하지요?

pull one's socks up

직역하면, '양말을 끌어 올리다.'
이지만, 노력하다, 분발하다라는
영어 표현이에요.

기록

우리 몸에서 가장 바쁘게 움직이는 근육은 눈이에요.
하루에 10만 번 이상 움직이거든요.

치즈는 왜 고약한 냄새가 날까?!

치즈는 우유에 미생물과 곰팡이를 넣어 만들어요. 미생물과 곰팡이가 자라면서 치즈의 냄새와 맛이 달라지는데, 치즈 냄새는 숙성 시간이 길수록 더 고약해져요.

비버? 수달? 오리?

오리너구리는 처음 발견되었을 때 과학자들이 자연의 장난이라고 생각했을 정도로 특이하게 생겼어요. 비버의 꼬리, 물갈퀴가 달린 발, 부리를 가진 이 담수 동물은 포유류인데도 알을 낳는 희귀한 동물이에요.

수다스러운 사람 = 오리

중세 시대 프랑스에서는 수다스러운 사람을 '오리'라고 불렀어요. 당시 누군가를 '오리'라고 부르는 건 '다른 사람에 대해 말하기 좋아하는 수다쟁이'라는 뜻이었지요. 이런 의미가 남아 있어서 프랑스에서는 신문을 '오리'라는 별칭으로 부르기도 해요.

아프리카 사하라 사막에 사는 페넥여우는 늑대와 같은 갯과 동물이에요. 키가 평균 20센티미터 정도인데, 갯과 동물 중에서 가장 작아요.

일광욕을 하는 이유?

일광욕은 사람들이 건강을 위해 피부에 햇볕 쬐는 것을 말해요. 우리 몸은 햇볕을 많이 받으면 멜라닌이라는 갈색 물질을 만들어, 자외선으로부터 피부를 보호해요.

난 하고 싶지 않아요.

기록

지구에서 기록된 가장 높은 기온은 섭씨 56.7도예요.
1913년 7월 10일, 미국 데스밸리의 퍼니스 크릭에서 기록했어요.

낙타의 혹 안에 든 것은?

낙타의 혹에 든 것은 약 50킬로그램의 지방이에요. 낙타는 지방을 분해해 영양분을 얻거나 물로 바꿔 갈증을 해소해요. 1킬로그램의 지방으로 2리터의 물을 만들 수 있어요.

사막에 장미가 피었다고?

수만 년 전에 바다였던 사막은 물이 서서히 증발하며 오랜 시간에 걸쳐 석고 성분을 가진 모래 조각으로 굳어요. 그 모양이 장미 꽃잎이나 꽃다발을 닮았다고 해서, 사막 장미(Desert Rose) 또는 모래 장미(Sand Rose)라고 불러요.

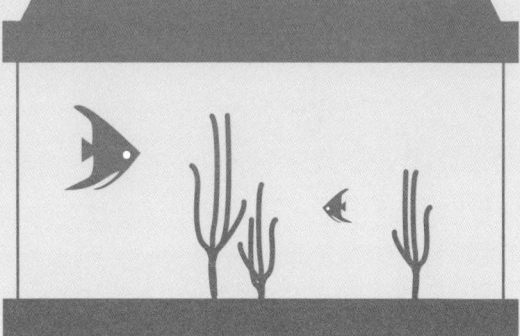

250 L(리터)

가정용 대형 수조에 채울 법한 양의 물 250리터는 가장 사막화된 지역에 1년 동안 내리는 비의 양이기도 해요.

회전하는 식물?

회전초는 둥근 실뭉치처럼 생긴 식물이에요. 이것은 실제로 마른 식물들의 부스러기들로 이루어졌는데, 바람에 이리저리 굴러다니면서 씨앗을 퍼뜨려요. 미국 항공 우주국에서는 바람을 타고 굴러가는 회전초를 본떠서 우주 탐사 로봇을 만들기도 했어요.

최초의 예방 주사?

최초의 예방 주사는 1796년 5월 14일 영국의 의사 에드워드 제너가 만들었어요.
당시 천연두가 유행하는 바람에 전 세계 수백만 명이 죽어 갔어요.
제너는 어린 소년에게 주사를 접종하여 소년을 구하는 데 성공했고,
이후 주변에도 전파했어요. 백신 덕분에 천연두는 지금 완전히 사라졌지요.

홍채 이색증은 양쪽 눈의 홍채가 서로 색이 다른 걸 말해요. 태어나면서부터 나타나는 경우도 있고, 눈을 다치거나 약물 치료를 하는 과정에서 생길 수 있어요.

기록

세계에서 가장 큰 요요는 지름이 3.63미터이고 무게는 2톤이 넘어요.
크레인에 매달아야 요요를 굴릴 수 있지요.
미국인 베스 존슨이 만들었어요.

일각돌고래의 뿔은 왜 있을까?

바다의 유니콘이라고 불리는 일각돌고래는 돌고래와 비슷한 모습이지만,
특이하게 뿔이 나 있어요. 사실 이것은 뿔이 아니라 윗입술을 통과해 나온 엄니예요.
사람들은 일각돌고래의 엄니가 사냥할 때 필요하다고만 생각했지만,
물의 온도나 소금의 양, 먹이의 위치 등 다양한 정보를 알아낼 때도 쓰여요.

work like the devil
직역하면 '악마처럼 일한다.'예요.
매우 열심히 노력한다는
영어 표현이에요.

언제 일 그만둘 거야?

안 그만둬!

파스는 왜 붙일까?

파스에는 통증을 줄이는
약이 묻어 있어요.
몸에 붙이면 피부를 통해
약 성분이 퍼져요.

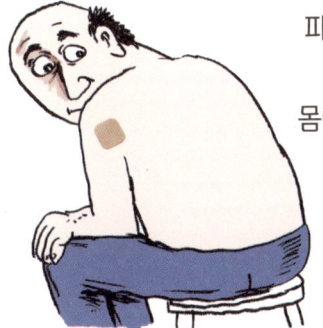

영하 **98**도

지금까지 남극에서 관측된
가장 낮은 온도예요.

사막에서는
강력한 바람이
모래 폭풍을
일으켜요.
이때 부는
바람 때문에
모래 벽이 거대한
파도처럼 밀려와요.

217

특허가 300개?

니콜라 테슬라는 레이더와 원격 조종 로봇의 원리를 비롯해 약 300개의 특허를 받은 천재 과학자예요. 1926년에 이미 스마트폰, 무선 전송 인터넷, 자율 주행 등 여러 기술에 대한 아이디어를 생각해 냈어요. 당시에는 소설이나 영화에서나 나올만한 이야기였지만, 그의 아이디어는 현재의 과학 기술에 많은 영향을 주었어요.

기록

2010년 아르메니아의 초콜릿 회사가 세계에서 가장 큰 초콜릿바를 만들었어요. 이 초콜릿은 약 5.6미터 길이에 무게는 4.4톤이나 되었어요.

물 없이 세차를 할 수 있다?

자동차 한 대를 세차하려면 보통 200~500리터의 물이 필요해요. 하지만 놀랍게도 물을 쓰지 않고 세차할 수 있는 친환경 제품이 있어요. 뿌리고 마른걸레로 닦아 주기만 하면 끝! 한 번 써 보면 생각보다 깨끗해지는 결과에 놀란다고 해요.

날씨 공포증은 태풍이나 천둥과 같은 자연 현상을 두려워하는 거예요.

33

사람 몸의 중심을 이루는 척추뼈 의 개수예요.

갯가재는 매우 뛰어난 시력을 가진 데다가 모든 방향을 볼 수 있어요. 또한 다른 먹이를 향해 앞다리를 뻗을 만큼 빠르고 힘이 세요.

코끼리가 벌벌 떨어요.

코끼리는 벌을 무서워해요. 그래서 아프리카의 농장에서는 먹이가 부족해진 코끼리가 습격해 오는 것을 막으려고 벌집을 설치했어요.

어마어마한 공룡이 나타났다!

2014년 아르헨티나에서 가장 큰 공룡의 뼈가 발견되었어요. 공룡의 키는 약 20미터로, 6층 건물 높이와 비슷했고, 무게는 약 77톤으로 코끼리 14마리를 합친 것만큼 대단했어요.

68,000

거대한 문어 모양의 조형물을 만드는 데 사용한 비닐봉지의 수예요.

베어풋은 영어로 '맨발'이라는 뜻으로, 베어풋 수상 스키는 장비 없이 수상 스키를 타는 스포츠예요. 엉덩이를 수면에 댄 채로 출발해서, 서서히 두 발로 서서 보트에 매달린 줄을 잡고 물 위를 활주하기 때문에 강화 잠수복을 입어야 해요. 맨발로 물 위를 달리려면 우선 수상 스키부터 잘 타야겠죠?

토네이도는 기둥 모양으로 회전하는 폭풍을 말해요. 차가운 공기와 따뜻한 공기가 천둥과 만나 소용돌이치기 때문에 엄청난 폭풍을 일으켜요. 그래서 토네이도가 지나간 길은 모든 것이 엉망진창이 되는 거예요.

Curiosity killed the cat.
직역하면 '호기심이 고양이를 죽였다.' 지만, 지나친 호기심은 해가 된다는 영어 표현이에요.

충치는 왜 생길까?

입안에 사는 박테리아들은 설탕처럼 단것을 좋아해요. 설탕처럼 끈적이는 음식은 치아에 달라붙어 오랫동안 충치 세균의 먹이가 되지요. 충치에 생긴 구멍이 깊어지면, 신경을 자극해서 점점 아프기 시작해요. 충치를 막으려면 하루에 여러 번 꼼꼼하게 양치질해야 해요.

안장? 등자?

안장은 사람이 말의 등에 편안하게 앉기 위해 사용하는 도구예요. 등자는 안장에 달린 발 받침이에요. 안장과 등자를 사용하면서부터 병사들이 말 위에서 안정적으로 전투를 치를 수 있었어요. 덕분에 전투력이 크게 향상되었답니다.

기록

영국에 사는 터비는 환경 보호에 앞장선 개예요. 이 개가 6년 동안 매일 산책길에 주운 페트병이 무려 약 26,000개예요. 주인은 이 페트병들을 모아 재활용했어요.

우승 트로피를 32번이나?

데이비스 컵은 '테니스 월드컵'이라고도 불리는 세계 최고 권위의 남자 테니스 대회예요. 1대1로 경기를 치르는 단식 경기와, 2대2로 경기하는 복식 경기가 있는데, 복식 경기에서 미국이 우승 트로피를 32번이나 차지했어요.

혹시 트로피를 더 쌓을 곳이 없나요?

8,760

1년을 시간 으로 나타낸 수예요.

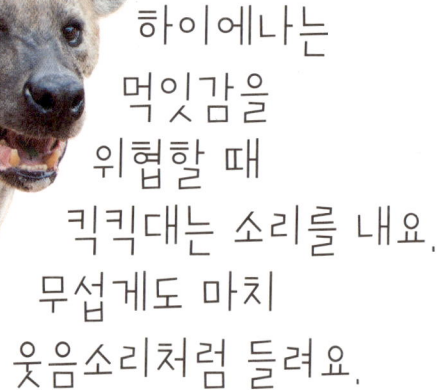

하이에나는 먹잇감을 위협할 때 킥킥대는 소리를 내요. 무섭게도 마치 웃음소리처럼 들려요.

손가락에는 근육이 없다?

손가락에는 근육이 없다는 사실! 알고 있었나요? 손가락은 손목, 손바닥, 팔뚝 등에 있는 근육들이 손가락에 있는 힘줄과 연결된 덕분에 움직이는 거예요.

거꾸로 돌아가는 볼리비아 시계

2014년부터 볼리비아의 국회 의사당 건물에, 숫자판도 반대고 바늘도 반대 방향으로 도는 시계가 걸렸어요. 볼리비아의 장관이 시계가 항상 똑같은 방향으로 움직일 필요가 없다고 주장했기 때문이에요.

기하학을 좋아했던 그리스인들은 문자를 쓸 때도 조금 특이했어요. 행의 첫머리를 좌단 우단으로 엇바꿔 썼거든요. 행이 바뀌는 곳은 거울 앞에서 읽어야 해요.

기록

세계에서 가장 긴 샌드위치의 길이는 무려 735미터나 돼요. 2011년 5월 22일, 레바논에서 만든 세계에서 가장 긴 샌드위치, 먹어 보고 싶지 않나요?

대기오염으로 외계인을 찾는다고?

먼 우주 어딘가에 생명체가 있는지 알아보려고, 미국의 천문학자들이 공기 중의 오염을 연구하기로 했어요. 대기 오염이 있다는 말은 생명체가 있다는 뜻이니까요.

표지 (기린) : © Eric Gevaert / Shutterstock.com

31 : © Pierre-Yves Beaudouin / Wikimmedia commons
112-113 ; 142-143 : Nathalie Choux
200-201 : Karine Bernadou

셔터스톡:

4-5 : © The Visual Explorer • 6 : © Leelaryonkul • 8 : © Eric Isselee • 9 : © Cico • 11 : © Omm-on-tour / Adobe St
12 : © Igor Chernomorchenkox • 14-15 : © keantian • 16 : © Smit · 18-19 : © Eric Isselee • 20 : © Eric Isselee
22 : © ivosar • 24 : © Svoboda Pavel • 26 : © Pack-Shotx • 28-29 : © Piotr Marcinski • 32 : © Eduard Kyslynskyy
34-35 : © RHIMAGE • 36-37 : © A.G.A • 37 : © lineartestpilot • 39 : © Anton Brand ; © Aleksey Stemmer
41 : © Dmytro Pylypenko • 42 : © davidevison / Adobe Stock • 44-45 : © s-ts • 47 : © Filipe Frazao ·
48 : © Eric Isselee • 50-51 : © irin-k • 52-53 : © Davydenko Yuliia • 55 : © Goncharuk Maksim • 56 : © ilikestudio
59 : © Stacey Ann Alberts • 60-61 : © Tatiana / Adobe Stock • 61 : © rangizzz • 62-63 : © Stuart G Porter
65 : © Eric Isselee • 66 : © BlueOrange Studio • 68 : © Hein Nouwens • 69 : © Ermolaev Alexander
70-71 : © ehtesham • 73 : © asharkyu • 75 : © IrinaK • 77 : © Eric Isselee • 79 : © kkaplin
80 : © Eric Gevaert • 83 : © Eric Isselee • 85 : © Biehler Michael • 86 : © Stacey Newman
88-89 : © Eric Isselee • 92 : © Dean Murray • 93 : © ANATOL • 95 : © artjazz • 97 : © Dancestrokes
98 : © Eky Studio • 100 : © xpixel • 102-103 : © nattanan726 • 104 : © Sters • 106 : © Beas777
108 : © Only Fabrizio • 108-109 : © jps • 111 : © Brandelet • 114-115 : © Anna Jurkovska
115 : © Jamen Percy ; © Canicula • 116 : © Sergei Bachlakov • 117 : © urbanbuzz • 118-119 : © digitalbalance
120-121 : © RJO Photo • 121 : © BUNDITINAY • 122 : © WilleeCole Photography • 125 : © In Green
127 : © Erika Cross • 129 : © Iakov Filimonov • 131 : © Eric Isselee • 132 : © Anton Balazh / Adobe Stock
133 : © MVPhoto • 134 : © melowilo • 135 : © Migel • 136 : © ennona / Adobe Stock • 138 : © Perspectives - Jeff Sm
140 : Steve Byland • 145 : © Aksenova Natalya • 146 : © Hein Nouwens • 146-147 : © Worraket • 148 : © Neirfy
150 : © Eric Isselee ; © Maks Narodenko • 153 : © Nature Art • 154 : © Sergey Goryachev
155 : © Helmut Konrad Watson • 156 : © Khoroshunova Olga • 158-159 : © Margo Harrison
160-161 : © Andrey Armyagov • 163 : © Steve Collender • 164 : © Photobank gallery ; © Triff
167 : © Luis Molinero • 168 : © petert2 / Adobe Stock ; © Maggy Meyer • 170 : © Matipon ; © Ksanawo
171 : © Ksanawo • 174 : © Edwin Butter • 177 : © phugunfire • 178 : © Panaiotidi • 178-179 : © Velizar Simeonov
180 : © Graham Andrew Reid • 180-181 : © Kisialiou Yury • 182-183 : © Beth Swanson • 184 : © fivespots
187 : © Ilin Sergey • 188 : © Andris Tkacenko • 189 : © piyapong tulachom • 190 : © Hein Nouwens ; © Liudmila P. Sundikova
193 : © Taweesak Jarearnsin ; © Morphart Creation • 194 : © Eric Isselee • 197 : © Abramova Kseniya • 199 : © Jirso
202-203 : © Kiselev Andrey Valerevich • 205 : © Eric Isselee • 206 : © Christian Musat
209 : © Antonio Guillem • 210-211 : © iurii • 212 : © Vitalii Hulai • 214-215 : © Robert Eastman • 215 : © adamant
217 : © Ahmad A Atwah • 219 : © Al Carrera / Adobe Stock • 220 : © solarseven • 222 : © Aaron Amat